苏珊·桑塔格的
文学观与文学创作

Susan Sontag's

Literary Criticism and Literature Creation

崔玮崧　著

上海三联书店

前　言

苏珊·桑塔格是一位母亲，一个双性恋者，一位与癌症抗争的病患；她是欧洲文化的热爱者，是先锋艺术的领路人，是纽约知识分子中的一员；是编剧、是导演、是美学家更是作家和文学评论家。她一生都对文学抱有巨大的热忱，在文学评论和文学创作方面都颇有建树。她的批评集中有大量与文学相关的评论，在她的文学评论、采访和日记中可以清晰地分辨出她的文学观点。她在文学批评方面所做出的评论既具有前瞻性又不失经典性。前瞻性是指她在二十世纪中后期洞察到的许多微弱的文学发展脉象在二十一世纪的今天都已变得愈加明显。经典性则在于她所感兴趣的许多文学问题都是文学批评史上的经典议题，而她的评论给这些经典的问题注入新鲜的血液，赋予它们以时代性，也让当代学者更加深切地感受到重新研究这些文学经典议题的必要性。青年时期的桑塔格热衷于在文化期刊上发表关于美学和政治的评论性文章，三十岁之后的她才真正投入到文学创作之中，从此之后便一发不可收拾地致力于长短篇小说和剧本的创作。她在文学创作中尝试了许多实验性的写作技法，也不断身体力行地探索了小说写法上的诸多可能性。她所创作的文学作品之中藏着真挚的道德关怀和深刻的人性思考。

桑塔格对于现代主义艺术的种种文学尝试持较为包容的态度。她欣赏法国新小说派所提出的“新小说”的理念，也赞同小说的阅读趣味不应该一直停留在迷恋巴尔扎克式的现实主义小说的写法上而停滞不前。她期待文学作为一门学科可以不断进步，也希望读者和学界可以对实验性的先锋文学持更加包容的态度。桑塔格赞同奥尔巴赫在《摹仿论》中所提出的每一个时代的文学都在以自己的方式呈现现实的说法，但她也希望读者注意到如果现实性是可以被普遍用来描述文学流派和文学作品的一个通用语的话，那么现实性也就失去了它真正的意义。桑塔格的文学观除了受到欧洲文学流派的影响之外，还受到了来自美国本土学术流派的影响。其影响主要体现在三个方面：其一，桑塔格因其犹太血统、教育经历、政治言论以及在纽约的生活经历而被归为纽约知识分子的一员。她认为公共知识分子应该谨言慎行，拥有独立的灵魂，不能成为制造意见的机器。和大部分纽约知识分子一样，她有着倾向于左翼的政治思想。与其他纽约知识分子不同的是她在文学评论方面认为文学创作可以和政治观点相分离，也始终强调自己的文学创作不是为政治观点服务的；其二，桑塔格本科毕业于美国芝加哥大学，也曾在学成归来之后又回到了芝加哥大学任教。在文学评论方面，她的确受到了芝加哥学派的学术影响，她认同纵使文学可以从历史、心理和社会学等角度去进行欣赏，但文学并不寄生于其他学科，作为艺术的一个门类，文学也有其独立的价值。她赞同芝加哥学派的“多元主义”批评方式，认同各个学术流派都有其适用性和局限性，所以没有必要拘泥于某一特定流派的特定观念来研究理论问题；其三，桑塔格从少年时期开始就喜爱阅读新批评派的许多书籍，她欣赏该学派所倡导的文学的独立性，也认同新批评派的“有机”整体诗学的文学理论，反对将文学的内容与形式相分离，也反对单纯地将文学看做思想的载体。

如果能用一个字来形容桑塔格的美学观点，那就是“真”。虽然她很少在文论中提到这个字，但她最著名的美学论断都是围绕着这个“真”字而展开讨论的。《论摄影》中，她希望大众的目光不要只定格于影像呈现出来的样子，而应该透过照片更加关注影像背后的真实世界；在《反对阐释》中她将阐释比做血液中的胆固醇，如果指标过高会阻碍思想的流通，她担心过度阐释给艺术带来的消极影响，期望欣赏者能够领略艺术本真的模样；在《静默之美学》中，她提醒人们注意隐喻的副作用，以便让思维不偏离于真正值得思考的核心问题。归根结底，桑塔格是希望人们可以克服注意力的分散，而将焦点集中在事物最“真”的状态下。

桑塔格的美学观和文学观是置于反对二分法的普适性之下的对“真”的渴求，她的去二元性观点是具有解构主义性质的思考。首先，桑塔格认为正是由于柏拉图的艺术摹仿论和之后亚里士多德为诗辩护中的观点使艺术和文学的价值走上了一条愈来愈不由其本身价值决定的不归路。由于世人在鉴赏文学和其他艺术门类作品时多看中它们对现实的摹仿，而内容是现实最直接的载体，所以他们就越来越强调艺术中内容的重要性。对文学内容的过分强调，使得内容与形式的重量渐渐失衡，也给过度阐释的滋长留下了空间。桑塔格并未否认艺术中内容的重要性，而否认的是过度阐释的这一行为，她真正反对的是过度强调艺术的内容而忽视其形式的鉴赏方式。其次，桑塔格认为道德并不对立于文学，文学作品会给读者留下道德的思考空间，而道德是通过延展读者的空间想象力和时间想象力之后实现的智性满足。广义的文学并不对立于广义的道德，只有当文学等同于道德说教时，狭义的文学才与狭义的道德相对立。再者，许多学者对于科技对艺术的入侵持悲观的看法，认为科学的介入使艺术丧失了纯洁性。桑塔格对此却不以为然，她不觉得科学与艺术是相互对立的，她认为科技在不断影响着艺术发展的同时也促进了艺术的发展，两者相互碰撞擦出了新感受力的火花。桑塔格希望人们反思和解构二元性在文学和美学问题上的适用性，希望大众看清二元性到底是人们为了解决问题头脑中产生的方法论，而不是问题原本的样子。

桑塔格的文学观建立在美学认识的基础之上。她看出了艺术边界正在不断模糊化的走向，也洞察到了文学内部界限不再像以往一样泾渭分明的趋势。在这样的艺术门类重新洗牌和重组的大环境下，她依然对文学的不可替代性抱有信心。这样的信心主要来自于文学自身在流派更迭中不断向前发展的现状和文学与现实永远无法交叠的事实。除此之外，桑塔格为快乐的观念在文学和文学评论中越来越受到批判的现象而感到惋惜，她希望读者可以享受阅读所带来的最直接的快乐。值得一提的是，桑塔格对语言的局限性也有着自己的思考，她觉得语言并不是完全可信的，文学是具有偶然性的，所以要相信静默的力量，也要注意隐喻的副作用。但另一方面，她又不赞同语言的失真会导致文学的“不可言喻”或“不言而喻”。她心目中理想的文学是质朴而直接的，作家不为表达特定观点而写作，读者不试图以封闭单一的方式来解读文学。

小说《在美国》是桑塔格最后一部小说，也是她获奖最多的一部文学作品。作品描绘了一群波兰文艺工作者移民美国、适应美国并最终选择定居美国的故事。小说第零章的叙事视角、标点符号的不规则化使用以及通感连觉的笔法尤其耐人寻味。第零章结束之后，故事的序幕才正式拉开，小说生动地描写了波兰人初到美国时所感受到的文化冲击，细致地刻画了这群欧洲人初到美国建立自给自足社区的生存之道，更向读者展示了戏剧演员在台前幕后的舞台人生。《在美国》是一部带有作家晚期风格的文学作品，这部小说以其实验性的创作手法、元艺术的写作方式和精巧的故事构思呈现出了一幅二十世纪初欧洲人移民美国的壮丽图景。

《我，及其他》是桑塔格的唯一一部短篇小说集，本书选取了相对来说较有艺术性和趣味性的两篇作品进行了批评和分析。《中国旅行计划》是一部具有浓厚自传性质的短篇小说。桑塔格以札记的形式描绘了故事主人公还未动身前往中国，却已了解了中国的方方面面的一个旅行计划。乍看之下小说布局随意杂乱，深究下去却可以发现作品严丝合缝般的行文逻辑。这都得益于桑塔格写作手法上的精巧细思和个人经历中深深的中国情结。《中国旅行计划》以非典型性的小说写作手法为读者展现出了一位抛开了刻板印象的西方人眼中的当代中国。《我们现在的生活方式》是一个关于艾滋病患者的短篇故事，该故事体现出了桑塔格对于艾滋病病人深切的人文关怀。患病的主人公从未真正地在小说中独立存在过，他的形象只存在于小说真正出场了的患者友人口中的八卦之语。该小说具有相当浓烈的讽刺意味，用对艾滋病的隐喻的描写来让读者注意到疾病隐喻的危害，借由此种写作方式呼应了桑塔格在《艾滋病及其隐喻》中所论述的疾病的隐喻比疾病本身更令人恐惧的这一社会现象。

总体说来，本书从苏珊·桑塔格的文学批评家身份和作家身份入手，着重分析了她的文学观点也批评了她的部分文学作品。通过对其文学观的研究可以看出桑塔格对于新兴文学和边缘文学的包容和扶持，也能看出其渴望通过文学看清楚真实世界的不断尝试。通过对其文学作品的分析和欣赏，读者可以见识到许多实验性的写作方式，也能体察到其广阔的文化视野。桑塔格的文学观和文学作品为读者呈现了一个缤彩纷呈的文学世界，在她的文学世界中读者可以看见文学的另一种可能。

目　　录

绪 论

文学固然可以从政治、道德与历史等多角度对其进行鉴赏，但文学其本身也有无限的价值和美感。桑塔格是强烈意识到这种价值和美感的批评家和作家之一。她在 20 世纪 60 年代提出“反对阐释”的美学思想是源于她对美国学界过度阐释艺术，从而使得艺术越来越成为社会元素附属品的一种深深担忧。这种情况同样适用于当代中国，过度阐释掩盖了文学本身的光芒，生搬硬套理论曲解文学作品的例子屡见不鲜。本书旨在使读者在了解桑塔格文学思想的同时，也能更专注地欣赏桑塔格所创作出来的丰富而又精致的文学世界。

许多研究者将桑塔格的一生归纳为“前期形式，后期道德”。这种看法是对桑塔格思想过于简单的误读。桑塔格从来没有割裂过艺术与历史、道德和社会的关系，没有将形式与内容相对立，更没有从一开始就使自己的美学思想困顿于纯形式主义的泥沼。如果非要把形式和内容放在天平的两端，桑塔格只不过是想拨动一下过度倾斜于内容的天平，而使计量者也能多为形式增添一些砝码。桑塔格虽然因《反对阐释》一文而名声鹊起，她却始终没有反对过对艺术进行阐释这一行为本身，她反对的是过度注重内容的阐释，她所关注的是艺术应该被怎样阐释。她真正反对的是将内容作为本质、将形式作为附属的模式性的阐释。桑塔格始终抵制将艺术简化为道德的说教，这使得许多研究者以为她从一开始就陷入了艺术与道德选择的两难境地。但只要细读过她的文论，读者就能清晰地看到桑塔格是从一开始就认为将艺术与道德对立起来是一个伪命题，她赞扬艺术给人们带来的道德愉悦，也肯定艺术所起到的道德功效，她所反对的是将艺术缩减为特定的“内容的声明”和将广义的道德等同于某一种特定的道德。不仅如此，她还认为艺术不能为了保持其所谓的“纯洁性”而作茧自缚、停滞不前，她以为正是科学对艺术的鞭策才让艺术焕发了活力，也正是两者的碰撞才激发了人们新感受力的诞生。桑塔格的标签太多了，她的许多观点乍听上去太过鲜明，这使得许多读者不能完全领会她最初所要表达的思想，而容易对她的许多想法妄下评断。

长久以来，桑塔格更喜欢将自己看作一位小说家、一位文学工作者。她甚至一度停掉手头的文论工作而专心于文学创作。但她的美学思想太过锋芒，以至于在某种程度上掩盖了她在文学方面所发出的光芒。本书希望通过对她文学作品的分析，能让更多人注意到桑塔格文学作品的趣味性和先锋性，注意到桑塔格倾注了大量心血的文学作品的时代特征。桑塔格建议大家多关注艺术自身的价值，所以我们当然也可以多多关注桑塔格为读者创造的文学世界。这将是一次探索，也将是一次回归。

第一节　苏珊·桑塔格的学术作品研究现状

旅居美国的中国香港评论家、编剧和导演陈耀成最先将苏珊·桑塔格的作品介绍到华人世界，他在1988年的台湾杂志《文星》中介绍了桑塔格和她的部分美学思想。同年，桑塔格的作品也首次被引入中国大陆。她的两篇关于电影的评论《电影和戏剧》和《迷人的法西斯主义》先后被翻译成中文发表在期刊《世界电影》上。国内关于桑塔格系统性的研究并不多，少数集结成册的研究多集中于对其美学思想和左翼身份的研究。王予霞是与桑塔格本人见过面的，在中国最早研究桑塔格作品的学者之一。她的《“反对释义”的理论与实践——桑塔格和她的〈我等之辈〉》发表于1988年的《外国文学评论》。王予霞的著作《苏珊·桑塔格与当代美国左翼文学研究》主要向读者介绍了美国左翼作家的兴衰和他们所参与的社会活动。此外，她还分析了在新左派运动中桑塔格所体现出的先锋性，并对她在新左翼作家群中所扮演角色的重要性进行了强调。王予霞对桑塔格的介绍似乎并没有马上激起中国学界对桑塔格研究的极大兴趣。直到2000年以后，也就是苏珊·桑塔格去世前夕，中国学界关于她的研究才逐渐多了起来。程巍、姚君伟、黄灿然、徐天池和申彗辉等桑塔格作品的翻译者也开始充当起桑塔格作品分析者和宣传者的身份，在期刊上开始频繁发表关于桑塔格及其作品的相关文献。王秋海是国内桑塔格的研究者中做得较系统的一位教授，他的著作《反对阐释——美学思想研究》从“反对阐释”“新感悟”“土星式忧郁”等几个桑塔格美学思想的关键词入手，分析了桑塔格形式主义的美学渊源和桑塔格美学思想中的现代主义成分。

在国外，从桑塔格在《纽约书评》、《书评周刊》和《党派评论》上发表文论开始，对她的质疑和赞赏之声就没停止过。国外对桑塔格的研究主要分为三个方面。第一个方面，是对其生平进行撰写，桑塔格的儿子(戴维·里夫)、前助手(西格丽德·努涅斯)和工作伙伴(卡尔·罗利森)等人都在桑塔格去世后为其写过传记。第二个方面，是从女性主义的角度对桑塔格的作品进行分析，萨布日娜·法赫斯·艾布拉姆斯(Sabrina Fuchs-Abrams)和苏洛特洛夫·希尔多(Solotaroff Theodore)等人的论文多发表于女性主义的期刊。第三个方面,是从文化多元性的角度关注桑塔格和她的作品,安吉拉·麦罗宾(Angela McRobbie),希尔罗·范斯提诺(Cielo Festino),肯尼·阑姆(Kennedy Liam)和史太德·阿诺德(Stead Arnold)是其中的比较有代表性的学者,他们分别从桑塔格的形式主义美学思想、现代主义特征、都市风格和左翼社会活动家的角度对桑塔格及其作品进行了全方位的研究。

一、国外研究现状

对苏珊·桑塔格生前轶事的撰写有西格丽德·努涅斯(*Sigrid Nunez*)的所著的传记《永远的苏珊》(*Sempre Susan: a memoir of Susan Sontag*)。作者的视角是独特的,这源于她和桑塔格的亲密交往关系。努涅斯既是桑塔格的学生又是她的助手,也曾是她儿子的女朋友,还曾与桑塔格母子一起居住。在努涅斯的眼中桑塔格是不完美的,她喜欢随时随地发表自己的见解,有时又显得有些咄咄逼人。尽管桑塔格认为大学教师的工作束缚了她写作的时间,但在努涅斯的眼中桑塔格却是一位天生的导师,愿意将自己的想法和见解毫无保留地分享给学生,将自己喜爱的书籍慷慨地推荐给学生。桑塔格一次次宣称自己是个小说家,但她的小说却从未像她的论著那样受到过同等的重视,这个遗憾伴随了她的后半生。《铸造偶像》(*The Making of an Icon*)是卡尔·罗利森和莉萨·帕多克(*Carl Rollyson & Lisa Paddock*)为桑塔格写的传记,作者是与桑塔格没有合作成功的出版人。在两位作者的眼中桑塔格是才华横溢的也是野心勃勃的,特别知道自己想要什么。两位作家为读者呈现出了一个多角度的桑塔格,她是母亲、妻子、公共知识分子、偶像、导演、作家、评论家、女性主义者也是女同性恋者。作者索亚·莎瑞斯(Sohnya Sayres)在她的文章《献给苏珊·桑塔格》(“*For Susan Sontag*,

1933—2004”)中通过对桑塔格小说中人物的分析窥探了桑塔格的个人生活。文章还着重强调了桑塔格在战火中多次前往萨拉热窝的体现出了知识分子的人文主义关怀以及社会责任意识。作者在文章的最后还对美国的知识界产生了忧虑,作者认为随着桑塔格等人的离世,美国知识界似乎处于青黄不接的状态,作者对于新时期的知识分子能否像桑塔格等人一样肩负起一定的社会责任表示疑虑。罗伯特 A. 波特(Robert A. Burt)的文章《从桑塔格的死中学到的教训》(*Invitation to the Dance*: *Lessons from Susan Sontag's Death*)细致地描述了桑塔格在人生的最后阶段在身体上和意念上所做的挣扎。桑塔格、桑塔格儿子戴维和药剂师之间的矛盾和误解被作者详细的描绘。根据作者的描述,桑塔格在最后的日子里,始终处于恐惧和希望的边缘。药剂师一方面确切地知道桑塔格最后的时间不多了,一方面又给予桑塔格极大的治愈希望。桑塔格儿子长久地无法从其母亲的去世痛苦和自责中走出来。

有一部分外国学术研究将桑塔格和其他女性知识分子做了比较,还有一部分用女性主义的角度来分析桑塔格的学术观点。萨布瑞纳·法赫斯·艾布拉姆斯(Sabrina Fuchs-Abrams)的论文《女人的战争:玛丽·麦卡锡,苏珊·桑塔格和戴安娜·特里林关于越南战争的辩论》(*Women on War*: *Mary McCarthy*, *Susan Sontag*, *and Diana Trilling Debate the Vietnam War*)将玛丽·麦卡锡、苏珊·桑塔格和戴安娜·特里林三位女性知识分子对越南战争的看法做了分析和对比。这位艾布拉姆斯认为通过对美国和资本主义文化的控诉,桑塔格站在了理想化了的新左派一边。她在《激进意志的样式》(*Styles of Radical Will*)中对年轻人反叛方式的赞赏,对白人文化的控诉是桑塔格饱受争议的根源。与其他两位女性知识分子相比,桑塔格更希望将越南的简单与美国的复杂作对比,而显示出美国被资本主义侵蚀,被现代文化异化的消极影响。作者看来六十年代新左翼是对老左翼坚持理性和道德责任的反叛。作者在文章的最后，通过比较三位女学者对公共知识分子的看法，强调了当代知识分子在社会中扮演的重要作用。詹姆斯·潘那(James Penner)的论文《苏珊·桑塔格十九世纪六十年代的批评：纽约知识分子、反主流文化和“新感受力”中的坎普》(*Gendering Susan Sontag's Criticism In The 1960s: The New York Intellectuals, The Counter Culture, And The Kulturkampf Over "The New Sensibility"*)将桑塔格与其他几位女性纽约知识分子做了对比，认为其他几位女性能进入纽约知识分子圈虽然和其自身的知识分子身份、犹太人身份分不开，但这些女性也很大程度上依赖于自己丈夫在纽约知识分子圈中的地位。作者认为桑塔格不同于其他几位女性，她进入这个圈子完全依仗自己在美国学术界的影响力和她新左翼批评家和作家的身份，而不是作为男性的附属品而进入这个学术圈子的。潘那在文章中简单概述了以欧文·豪为代表的老左翼与以桑塔格为代表的新左翼在20世纪60年代激烈的论战。豪曾用男性思维贬低桑塔格评论为“老奶奶式的，”而桑塔格的反对阐释与坎普理论都对男权话语形成了挑战也强迫老左翼批评家和作家用新的视角去思考流行文化和艺术形式等问题。作者认为虽然桑塔格很少关注于女性问题和女性写作，但她与老左翼之间的论战实际上也是对男权的反抗。通过对桑塔格女性主义观念的发掘，作者得出结论：女性主义应拓宽其定义，不应只关注写作主体有无书写女性问题，而应更关注其是否用自己的行为影响或挑战了性别的定义。安吉拉·麦罗宾(Angela McRobbie)在其文章《苏珊·桑塔格的现代主义风格》(*The Modernist Style of Susan Sontag*)中分析了对于桑塔格的研究之所以没有被纳入在女性主义研究的两个原因，其一是因为桑塔格论著中的语言适合新文化研究，而女性主义有自己的一套用语，两者没有太多交汇点。女性主义语言可以用来理解流行选段，但无法对其进行评价。其二是因为早年的桑塔格对于马克思主义的避而不谈，这一举动也与六十年代的女性主义流派相违背。作者认为研究桑塔格的作品应该抛开从左翼作家和女性主义的两个角度去分析，而应该把桑塔格置于现代主义的末端去研究。这种末端是介于现代主义与后现代主义之间的。后现代主义呼之欲出，而另一方面却又仿佛可望而不可及，这种不确定性恰好反应在桑塔格七十年代的作品之中。作者认为桑塔格真正排斥的并不是后现代，而是存在在商业大众文化中却没有美的价值的东西。麦罗宾还从三方面分析了桑塔格作品的价值。第一，是其将伟大的当代欧洲作品介绍到美国。第二，是其打开了艺术世界的大门，拓宽其边界，旨在使艺术接受更多新鲜事物。第三，是桑塔格思考的更广阔的文化边界，比如她关于死亡和疾病的隐喻。

更多的关于桑塔格的国外研究是从多元性的角度对她的美学观点和文化观点进行了分析。比如 D. A.，米勒（D. A.，Miller）的文章《苏珊·桑塔格的城市性》（*Sontag's Urbanity*）着重分析了《疾病的隐喻》中桑塔格所阐述的关于艾滋病的隐喻。作者认为同性恋是桑塔格论著中的一个重要的学术用语，这个用语像一个桥梁一样连接着“坎普”和艾滋病：桑塔格认为坎普的特征之一是具有同性恋性质的，或男人具有女人性质的和女人具有男人性质的；艾滋病的隐喻中也通常暗示着被感染者有可能是性生活混乱的同性恋者。但作者在文章的后部分对桑塔格的艾滋病的隐喻提出了质疑，认为桑塔格使大众过度关注和讨论她的文集而忽视了对艾滋病患者本身的关注，使得艾滋病患者自身的话语更难被倾听。在作者看来，桑塔格的这一做法本身就是一种被疾病束缚的表现，更是一种疾病的隐喻。史蒂夫·莱特（Steve Light）的论文《腐烂的噪音：回复苏珊·桑塔格》（*The Noise of Decomposition：Response to Susan Sontag*）发表于 1980 年。论文分析了桑塔格对待欧洲文化，特别是法国文化态度的转变。众所周知，早期的桑塔格对欧洲文学和欧洲文化情有独钟，她特别欣赏的学者中也有两位是欧洲学者：罗兰·巴特和瓦尔特·本雅明。莱特在论文中阐述了20世纪70年代末桑塔格对欧洲学术界和知识分子看法的转变。按照作者的说法，桑塔格感觉到了欧洲文化的萧条和不严谨的学术氛围后开始对其失去信心，甚至多次拿美国和法国作比较，表示法国的知识分子多是速成的，其发表学术作品的频率过高。作者的阐述使更多读者注意到了桑塔格这种态度的转变，进而对研究她的文艺作品和文学创作也许有所帮助。苏珊·罗宾·史莱曼(Susan Rubin Suleiman)的文章《文化、美学和道德：桑塔格和她的"欧洲情缘"》(*Culture, Aestheticism, and Ethics: Sontag and the "Idea of Europe"*)与其他期刊认为桑塔格前期偏向美学后期偏向道德的观点不同，认为桑塔格始终是站在美学和道德的平衡点上的。她对道德的关注集中表现在她对欧洲元素的关注，比如对托马斯·曼和罗兰·巴特作品的喜爱。但同时，桑塔格也意识到了欧洲正在走向衰落，大屠杀给欧洲人带来的伤痕迟迟未愈，欧洲的泛美国化等。作者注意到桑塔格在回答一位法国记者提问时，曾表示知识分子的责任之一是拒绝理想主义。桑塔格对欧洲衰落的关注也恰好是她拒绝理想主义的表现之一。"艺术和意识"(*Art and Consciousness*)是一段桑塔格生前接受访问的栏目名称。为了纪念桑塔格，期刊《表演和艺术》(*A Journal of Performance and Art*)于2005年再一次发表了这一篇访谈。在访谈中，桑塔格表达了自己对现代主义局限性的看法，生动地将现代主义作品比喻作孤独症患者的沉默。她认为现代主义太过于关注于自我意识，形成了封闭的自我圈子。她特别声明自己在写《反对阐释》时并没有认为有纯美学意义的艺术，她只是在书中指出了文艺界的一种失衡，即过于偏向于阐释和内容而忽略了艺术的形式之美。她还强调道德无法分离于艺术给人带来的愉悦，道德本身也是艺术带给欣赏者的智性满足感。由利兰·波格书写，姚君伟翻译的《〈苏珊·桑塔格谈话录〉序》提出了几个关于桑塔格研究重要的现象。其一，许多文学评论家觉得桑塔格的评论和文学存在着道德标准与美学标准之间的冲突。其二，《在美国》发生在19世纪，是桑塔格最欣赏的一些艺术家所生活的年代。小说中又出现了许多欧洲来的文艺工作者，这也是桑塔格所及其欣赏的。小说可能有桑塔格本人的自传性质或是有桑塔格所向往生活的影子。其三，桑塔格继承了美国超验主义的遗产也秉承了现代主义的风格。

也有个别的外国学者看重桑塔格的作家身份，对她的文学作品进行了评述和分析。比如，希尔罗·范斯提诺(Cielo Festino)的论文《火山情人：苏珊·桑塔格美学理论的再创作》(*The Volcano Lover: A Rewriting of Susan Sontag's Aesthetic Theory*)以桑塔格的美学思想分析了她的小说《火山情人》。作者认为桑塔格的文学作品和美学作品之间存在张力，这种张力来自于桑塔格文学作品对美学思想的实践，也在于其文学作品与其美学思想的出入。作者认为《火山情人》是一个关于过度文明的故事，该书达到了美学与道德近乎完美融合的高度。

二、国内研究现状

国内的许多研究成果是对桑塔格的生平事迹和政治立场的介绍。王予霞的《苏珊·桑塔格与当代美国左翼文学研究》主要向读者介绍了美国左翼作家的兴衰和他们所参与的社会活动。书中也以桑塔格为着重点将桑塔格归为“纽约知识分子”中的一员，分析了她与旧左翼作家的异同和传承关系。作者还分析了在新左派运动中桑塔格所体现出的先锋性并对她在新左翼作家群中所扮演角色的重要性进行了强调。周艺注意到了2009年哥伦比亚大学出版社出版的一论文《苏珊·桑塔格的丑闻》。这是一本国内学者从未注意到过的关于桑塔格的评论集，书中有十二篇评论性文章。作者以此为基点撰写了文章《严肃的戏谑——评〈苏珊·桑塔格的丑闻〉》。书中多位评论者对桑塔格一向给公众留下的公共知识分子的印象提出质疑。作者对该书的主要内容进行概括时指出：该书围绕"矫饰"、电影剧本、戏剧、现代文化和视觉艺术等桑塔格非常感兴趣的论题进行了辨析，并从不同方面进行了大胆的猜测，例如，泰瑞·卡索从桑塔格晚年对"矫饰"一词使用量减少的情况猜测了其复杂的情感矛盾，从而大胆做出论断：桑塔格的"矫饰"类文章是在书写自己的同性恋倾向，她一边避讳谈自己的同性恋取向，一边又让读者大众重新审视自己的性取向。书中所说的"丑闻"多是指从与以往不同的消极角度审视桑塔格与她的公众形象。

国内多数对于桑塔格的学术研究围绕在对她美学观点的研究。王秋海的《反对阐释：桑塔格美学思想研究》对桑塔格的生平和著作进行了详尽而细致的梳理。整本书主体分为四个部分。第一部分是对桑塔格提出的形式主义美学进行了追溯，从西方古典形式主义美学到艺术本体再到"自由派"美学。桑塔格反对阐释理论的提出是第二阶段到第三阶段的进阶。作者认为，桑塔格反对阐释的批评矛头直指实证主义分析，旨在促进人们对艺术审美在感觉上的恢复。第二部分作者重新阐述了沉默美学、"坎普"和影像世界等桑塔格论文集中最主要的几个概念。在第三部分中，作者以桑塔格晚期的论著《在土星的标志下》为主要分析对象，体察出桑塔格从早年的纯形式主义美学支持者到晚年具有历史厚度的形式主义者的转变。第四部分中，作者研究了桑塔格《恩主》和《火山情人》两部小说的创作，从中探寻了小说鲜明的现代主义特性和桑塔格本人在后期的现实主义回归。王秋海的文章《“矫饰”与前卫——解读苏珊·桑塔格的〈“矫饰”笔记〉》解读了桑塔格提出“矫饰”这一概念的作用，即在大众文化与精英文化的不平衡条件下，“矫饰”成了一个支点使两者不再对立。“矫饰”概念的提出是建立在流行文化的风格化之上的，以此唤醒大众沉睡的审美体验。但作者认为桑塔格对道德概念的忽略，弱化了“矫饰”的救赎意义，甚至使它走向虚无。王秋海在他的另一篇论文《形式与历史的契合——桑塔格对“法西斯主义美学”的批判》中通过分析桑塔格对里芬斯塔尔作品看法的转变而揭示了桑塔格美学思想从六十年代到七十年代的变化。作者认为桑塔格原本认为形式高于内容，而在七十年代后期桑塔格转变了自己的文艺思想，认为艺术是意识形态的反映。除此之外，作者还认为桑塔格在提醒大众在消费时代应避免把人们对商品的崇拜转化成法西斯式的崇拜。徐文培和吴昊的论文《苏珊·桑塔格反对阐释理论的体系架构及梦幻载体的实践》从美学和哲学的角度分析了桑塔格的反对阐释理论以及这一理论在桑塔格文学作品中的体现，并最终得出结论：桑塔格对梦的描写是其存在主义思想的载体，桑塔格的文学作品和文艺思想推动了美国后现代主义思潮的发展。王建成的学位论文《桑塔格文艺思想研究》认为桑塔格是反对形而上学、传统认识论和本质主义的。文章还指出桑塔格提出“坎普”、色情艺术学和“新感受力”是为女性主义拓宽了道路。形式这个概念是桑塔格连接众多新概念的出发点和融汇点。陈文钢的论文《苏珊·桑塔格批评思想研究》是集中于桑塔格文艺思想的研究。文章举例说明桑塔格不反对风格化的艺术进而论断桑塔格是先锋艺术者。先锋艺术把艺术领域拓宽到了前所未有的宽广的领域。作者还阐述了桑塔格的反对阐释理论是习承英国形式主义和俄国形式主义的成果。在最后一章中作者还分析了《恩主》中情节的被消解过程以及桑塔格的虚无主义倾向。孙燕的学位论文《后现代主义与反阐释理论》对“阐释”的历史来源和意义做了界定，作者认为后现代主义对意义的消解使得阐释这一行为受到了极大挑衅，于是反对阐释在此时被桑塔格恰时地提了出来。作者还将反对阐释定义为后现代的阐释学。最后，作者又重申了桑塔格反对阐释的观点，即桑塔格并不反对阐释这一行为本身而是反对单一化的阐释艺术作品。刘丹凌的书《苏珊·桑塔格新感受力美学研究》着重研究了新感受力，作者认为新感受力美学不只是知识界的需要，而是现实的迫切需要，新感受力的提出是桑塔格对资本主义面对的社会现实问题的回答。刘丹凌认为资本主义经济的发展带来了其多数公民价值观的虚无，丢弃了应有的批判精神，人们的感受力减弱，欣赏能力衰退，桑塔格作为人文主义知识分子对新感受力概念的提出就是以唤醒大众的感受力和批判力为己任。张艺的博士论文《桑塔格艺术构造"魔力"探索》认为桑塔格后期在道德与美学之间选择困难的处境是因为受到"诺斯替"宗教的异端精神的影响。作者从三个方面分析了桑塔格文学创作和文艺思想的宗教感。这三方面分别为：桑塔格文学创作中隐秘的犹太出身的宗教感；批评随笔中"公共面孔背后的真我诉求"；以及日记中所隐藏的土星性格的原因所在。作者认为"诺斯替"宗教精神对桑塔格的艺术创作和美学思想都产生了影响。王予霞的论文《"反对释义"的理论与实践——桑塔格和她的〈我等之辈〉》肯定了桑塔格美学和文艺学上的成就，但就桑塔格的文学作品评价为理论与实践矛盾的产物。作者论断桑塔格的创作思想是基于存在主义的，但作品中又存在悲观主义与虚无主义。写法上则为标新立异的形式主义。姚君伟的论文《走进中文世界的苏珊·桑塔格——苏珊·桑塔格在中国的译介》介绍了桑塔格的文集、小说和剧本在中国的翻译过程和读者的反响。文章还阐明了向中国读者介绍桑塔格文章的意义，即桑塔格所关注的和展现的人生片段也是当代中国人所面对和困惑的。周艺的博士论文《论苏珊·桑塔格虚构作品中身体和主体性的呈现》运用了福柯的话语理论分析了桑塔格文学作品中人物的身体和意识以及他者对主体自我意识的牵制作用。文章将桑塔格作品中的人物混合起来并因这些人物的身体意向的不同将他们分为三部分，即“卑贱的身体”、“表演性的身体”和“缺场的身体”。通过分析作品主人公的身体和意识，作者得出结论：对身体、主体意识和权力关系的探索是桑塔格文学作品的核心主题。文学作品中人物的身体和主体意识互相影响，两者在权力关系的作用下相互制衡的动态发展。

国内对桑塔格文学作品的研究多集中于用其美学的思想来解释她的文学创作。郝桂莲在《桑塔格的批评理论与〈恩主〉的互文性解读》表达了她认为桑塔格在《恩主》中的写作手法和她的文艺思想相符合的观点，从而用桑塔格自身的美学观点对她的文学作品进行了解读。比如，作者列举了小说中淡化内容突出形式的细节，解释了桑塔格在《恩主》中关注同性恋现象等。如果零碎地把桑塔格的文艺思想拿出来和她的小说写作手法进行比对，很难从整体把握桑塔格在小说方面所取得的成就。陈文刚的论文《小说的冒险与小说术的迷幻：论苏珊·桑塔格的〈恩主〉》通过分析桑塔格在创作该小说时受到“新小说”学派的影响而论述了《恩主》文本中故事情节被瓦解，主人公和叙事者都被小说形式边缘化的观点。同时也阐述了《恩主》中对梦的描写是对弗洛伊德主义的抨击。从而得出结论：桑塔格的小说创作和她的文艺理论一样，都是为了参加论战的；桑塔格的文学成就并没有其文艺理论方面成就那样令人瞩目。李小均在评论《漂泊的心灵，失落的个人——评苏珊·桑塔格的小说〈在美国〉》中用后殖民主义的理论对女主人公马琳娜的身份进行了剖析。文章从波兰的出走，乌托邦的陷落和失落的凯旋三部分说明女主人公在小说中身份的失落与重建的过程。马琳娜身份构建的失败却是她身份的重塑也是她对自己本民族身份认同的一次超越。顾明生在《虚构的艺术——从〈在美国〉看苏珊·桑塔格叙事艺术中的糅合技巧》中以叙事学的角度分析了小说《在美国》多重叙事的杂糅技巧。作者分析了小说中集第一人称叙述、全知全能的第三人称叙述和信件叙事的写作方式。这种多视角的叙事方式使得读者从不同角度审视故事。这种更加关心小说形式的写作技巧也给读者在阅读过程中增添了多重叙事风格的阅读体验和艺术趣味。桑塔格在写作技巧方面的有趣尝试甚至部分改写了小说的定义。潘小松的论文《苏珊·桑塔格新作〈在美国〉》像是一篇观后感又像是小说的序言。洋洋洒洒几千字却道出了《在美国》这部小说许多有趣的地方,比如桑塔格把许多陈词滥调美国现象都写得像第一次看到一样;又比如小说开篇叙述者所描绘的一次聚会也许是叙述者跨国境到波兰的一次想象。可惜的是作者只是点到为止,并没有对这些有趣的文学现象进行深究。廖七一是《在美国》的中文翻译者之一。他的文章《历史的重构与艺术的乌托邦——〈在美国〉主题探微》于2003年发表于《国外文学》的第五期。文章的论点为《在美国》是一部后现代主义视角下的文学作品。作者推测小说主人公马琳娜在不断追寻和重塑自我的同时也在寻求演员的本质和生活的本质。

第二节 本书结构和研究意义

一、本书结构

本书分为五个部分:桑塔格的文学身份、被误读的桑塔格的美学思想、桑塔格的文学思想以及其两部文学作品的鉴赏研究。

在本书的第一部分笔者抛开了桑塔格的多重身份,只保留了她与文学有关的文学评论家身份和作家身份进行研究。桑塔格终其一生热爱文学，也在文学创作和文学评论方面非常有建树，但她的美学思想太过引人瞩目以至于学界对于她文学身份的研究有诸多疏漏之处。20 世纪 60 年代以后，“新批评”派不断衰落，文本细读的文学批评方法正逐步被文化批评所取替，人们不再像以前一样注重文学作品本身的价值，而更看重社会研究、历史研究和心理研究等不同学科领域和文学嫁接起来的文学批评。桑塔格此时提出“反对阐释”、“风格”和“新感受力”等概念是希望读者能够多关注文学和其他艺术形式作为独立审美主体所展现出来的魅力。作为第三代纽约知识分子中的一员，桑塔格与欧文·豪、艾尔弗雷德·卡津和诺曼·波德霍雷茨等第一、二代纽约知识分子的许多价值取向和阅读品味是有明显区别的。虽然她时刻在谨言慎行地践行着自己公共知识分子的职责，但她与多数纽约知识分子的文学观点却又有明显的不同之处。纽约知识分子多是左翼作家和评论家，他们喜欢马克思主义和弗洛伊德理论，他们中的大多数又是反斯大林主义的；他们喜欢参与政治，讨论政治，也喜欢在自己的作品中体现政治观点，但桑塔格与多数左翼作家不同，她厌恶弗洛伊德理论，也不亲近马克思主义学说。她的新左翼思想更多地体现在她的实际行动上，即她知行合一的反战行为。桑塔格在评论中提及过自己的文学作品从未渗透过自己的政治思想，现在却有越来越多的文学评论说她的写作是用来论战的，是用来支撑她自己政治观点的，而忽略了她对文学作品本身艺术性的极高要求。国内外许多研究者更看重欧洲文化对桑塔格美学观点所产生的影响，而忽视了美国本土批评流派对她文学观念的滋养。从桑塔格的诸多访谈、日记和她本人的文学论述中都可以看出美国本土的芝加哥学派和新批评派对她文学观所产生的深刻印记。

文学思想也是美学思想的一部分，既然要研究桑塔格的文学观，那么对她美学思想的研究始终是无法绕道的。所以在本书的

第二部分中,笔者详细而具体地分析了桑塔格的几个最主要的美学思想。本书并没有直接讨论"反对阐释"、"新艺术感受力"和"风格"等桑塔格研究过的大的美学概念,而会围绕一些大概念下的小问题进行研究。通过桑塔格关于内容与形式、艺术与道德、科学与艺术、大众文化与高雅文化这些小问题的分析也许会对桑塔格所提出的大概念有更清晰的认识。本书会着重分析桑塔格在《重点所在》、《在土星的标志下》、《激进意志的样式》和《反对阐释》文论中所体现出的文学思想,即反对内容与形式、文学与道德以及艺术与科学的对立。从这些桑塔格对于去二元性的反思中也能看出其对于美学问题二分法的解构性思维。

本书的第三部分着重罗列了桑塔格的几个重要的文学思想。她对文学边界模糊化现象的关注,对文学这种艺术形式的自信、对快乐观念的看法以及对于隐喻的观点都是她文学思想的重要组成部分。曾几何时,艺术的边界非常清晰,文学就是文学,音乐就是音乐,绘画就是绘画。现代艺术的边界开始逐渐模糊。桑塔格在一篇名为《电影和戏剧》的批评中强调过这个现代艺术的新特征,即艺术边界的模糊化。虽然桑塔格看到了文学与其他艺术形式的边界在不断模糊的同时,但她仍然对文学的不可替代性抱有信心。作为"知识分子的良心",桑塔格终其一生都对人类的疾苦有着持久的关注,但她也看到了文学中过于强调痛苦的一面,她希望文学除了能给读者带来沉重的反思之外也能给他们带来最原始的快乐。桑塔格因《反对阐释》而一战成名,她在文学思想中对于隐喻和静默的关注正与她的阐释观遥相呼应。

本书的第四部分以文本细读的形式分析了苏珊·桑塔格的长篇小说《在美国》。小说围绕着一位波兰戏剧女演员由波兰移民到美国重返戏剧舞台并大获成功的真实事件而展开。本书从桑塔格的非虚构性文学创作倾向入手,探讨了她的这一创作选择背后的对于"怎么写"小说的深入思考。由于《在美国》这部文学作品中的主要人物多是一些艺术家，所以小说中有戏剧、音乐、摄影和诗歌等多种艺术形式的文字化表现。这种写作效果的出现看似是巧合，实际上却是桑塔格的精心设计，它正好反映了她所说的艺术门类边界模糊化的趋势。本书还将围绕小说的元小说性来进行讨论，小说叙事者的角度始终在不停更换，戏剧、诗歌、意识流和日记等文学形式的纳入都渗透出了桑塔格对于文学和小说的创新尝试和积极思考。本章最后一部分从几位主人公的异国期待角度对他们进行了人物分析。小说的几位主人公都是波兰人，在苏联侵占波兰时期踏上了美国这块土地。美国在给他们带来无限希望的同时，也给他们带来了诸多的烦恼。桑塔格在小说创作中精心刻画了在美国这片新大陆上生存在夹缝中的波兰小人物的个体生活，也描绘了长久的战争给波兰人民的心灵带来的种种隐形创伤。桑塔格对真实事件的改编和对这些逃逸式的外国人初到美国的书写可以使读者感受到她对于战争的道德思考以及对于离开自己故国的流亡者们真切的人文关怀。

本书的最后一部分围绕苏珊·桑塔格的短篇小说《我，及其他》进行了书写。这部短篇小说集由八篇文章构成，而本书会着重分析研究其中的两篇。在此章的第一部分，本书以具有自传性质的创作《中国旅行计划》为研究对象来探讨了桑塔格是如何制造出了西方人眼中的现代中国的逼真效果。这篇作品主人公的身份具有不确定性，虽然她是小说中独立的核心人物，但在她身上也带有许多桑塔格童年生活的影子。小说中的主人公对以亚洲为代表的东方充满了乌托邦式的想象，她放下了西方人对中国的刻板印象，重新拾起了她儿时去往中国的愿望。小说以第一人称的叙事方式向读者讲述了一个美国女孩和她想象中的当代中国的故事。篇章的第二部分会着重阐述此部小说集中的另一篇短篇小说《我们现在的生活方式》。本书分析了小说以隐喻的方式戏仿了疾病的隐喻本身的这一看似矛盾实则意味深长的文学创作手法。小说中蕴含着桑塔格对于疾病以及时间的深刻思考。这八篇短篇故事都是具有多重可能性的，也大多是开放性结局的。这和许多文学作品的创作理念完全不同，部分文学创作者的主导动机应是中心思想和写作主体意向的表达，但在桑塔格的这些短篇小说中，不论是时间背景、情节发展还是人物特征很难有一样是清楚的、准确的。一旦桑塔格交代清楚故事的来龙去脉，则一切皆会一目了然，所以这种多重性和不确定性使得文本具有了多义性。这些短篇只给读者呈现了生活的一个切面，小说中所体现出的想象力和创造力揭示了人们初始的人生遭遇。在这些短篇小说中，作者的声音似乎都有意地隐藏在小说的最底层，使得故事的发展总是独立于作者和叙事者，而给读者留下了极其丰富的想象空间，也让读者更能感受到文学的丰富性和灵动性。

二、研究意义

普罗大众往往更注重苏珊·桑塔格的美学观点和政治言论，而忽略了她在文学经典问题方面所持有的睿智见解。在其美学评论方面，学界更看重桑塔格对于摄影、电影和话剧的先锋性评述，而常常忽略了她专门针对文学作品所发表的诸多言论。艺术界多看重她的影评人、导演和摄影评论家身份，而其在文学创作方面所取得的成就并没有得到应有的重视。本书的撰写目的是梳理桑塔格的文学观，也鉴赏她的文学作品，从而让大家能看到其在文学评论方面所做出的精准判断，也能领略到其文学作品所具有的独特艺术价值。

由于国内鲜有人专门地研究桑塔格美学著作中的文学评论，所以本书在弄清楚桑塔格重要美学思想的前提下，以她的《反对阐释》、《激进意志的样式》、《重点所在》和《在土星的标志下》等多部美学评论中的文学评论为研究主体，集中分析和讨论了桑塔格的文学观点。通过对桑塔格文学评论的深入研究，她的文学品味及阅读取向也会自然地显露出来。本书在研究她文学思想的过程中回答几个经常被研究者忽视或争论的问题：桑塔格的诸多美学观点中有着怎样的内在联系？桑塔格关于“阐释”、“静默”和“新感受力”等论断是在什么背景下提出的？是什么促使了桑塔格提出了这样的美学论断和文学见解？桑塔格的文学思想除了受到欧洲艺术流派的影响之外，有没有受到来自美国本土学界的影响？桑塔格是否像部分学者所认为的那样是一位彻底的形式主义者？桑塔格是否割裂了艺术与科学、文学与道德之间的关系？虽然很难将桑塔格的文学观点归于某一特定的文学流派，也很难看到桑塔格对某一特定文学批评派有比较系统的评价与见解，但毋容置疑的是她对于许多具体文学问题的看法和观点是极具有启发意义的。现如今，国内文学评论界对“强制阐释论”的讨论热潮持续不减也说明了中国学界已经认识到了过度阐释对于文学批评所产生的消极影响。弄清楚本书中桑塔格的文学观也将为瓦解“强制阐释”提供更扎实的理论根基和更广阔的学术视角。文学研究者应看到外国文学理论给中国文学评论界带来的生机和活力，但同时也应该注意到生搬硬套异域文学理论而给本土文学和文学批评带来的消极影响。

在那些对桑塔格文学作品的评论与鉴赏中，很少有对其文学观与文学作品关系的研究，因此本书着重探求了桑塔格的文学思想与文学作品之间存在的张力。文本的分析是在充分理解桑塔格文学思想的前提下进行的，但也在鉴赏作品的过程中对她所论述的文学理论保持了一定的距离，尽量找寻她文学观点和文学作品之间的平衡点。笔者以文本细读的方式对桑塔格的长篇小说《在美国》和短篇小说集《我，及其他》进行了批评和研究，注重文学鉴赏的理论性和系统性，把握文本分析和理论应用之间的关系。桑塔格的文学作品一直没有受到应有的关注，她的文学作品的价值也一直颇受争议。这到底是因为桑塔格在其他艺术创作和评论方面太过出色而遮掩了其文学作品的价值，还是其文学作品确实因为缺乏艺术性和鉴赏价值而一直未被重视？笔者虽然只是一个阅读个体，但也会竭尽所能地让读者意识到桑塔格文学作品中所散发出的文学性和艺术性。

第一章　苏珊·桑塔格的文学身份

生活在20世纪后期的美国人要想对苏珊·桑塔格这个名字充耳不闻并不是件易事，因为她的各类文艺作品频繁地出现在大众的视野中。她的随笔、评论和短篇小说经常发表在诸如《名利场》、《花花公子》和《纽约客》等时尚杂志上。作为导演，她还指导过《卡尔兄弟》和《食人者二重奏》两部艺术电影。桑塔格在伍迪·艾伦的电影《西利传》中客串过一个角色是演她自己，还担任过威尼斯电影节和纽约电影节的评审。对于那些六七十年代的美国知识分子来说，桑塔格的名字更是耳熟能详，“60年代和70年代思想成熟的知识分子的书架上，至少都有一些苏珊·桑塔格的书籍。”[①]不光是她的书籍，她的文章也经常发表在《党派评论》、《纽约书评》和《评论》等在知识分子心中很有重量的期刊报纸上。众所周知，桑塔格因《反对阐释》这部美学批评集而远近闻名，之后她又出版了多部极具影响力和争议的美学文集。桑塔格作为公共知识分子的形象也深入人心，她前后去到古巴、越南和中国等多个第三世界国家进行访问，还多次前往萨拉热窝，以带领当

---

① Leland Poague (ed.), Conversation with Susan Sontag, Jackson: University Press of Mississippi, 1995, p. ix.

地人排练演出《等待戈多》的方式给当地难民以精神慰借;“9·11事件”发生后,她呼吁民众保持理智,之后还多次在公共场合表达过自己反对美国虐囚的非人道事件。桑塔格凭借着自身对公共事业的热忱知行合一地成为了名副其实的“美国知识分子的良心”。苏珊·桑塔格作为公众人物的身份有许多,但她作为文学评论者和作家的这两个与文学有关的身份也应该受到重视,这源于她对文学的热爱,也源于她在文学创作和文学评论方面所取得的成就。

第一节 苏珊·桑塔格的生平简述

苏珊·桑塔格的原名为苏珊·罗森布拉特(Susan Rosenblatt),1933年出生于美国纽约,生父为一名常年在中国天津做皮毛生意的美籍犹太人,母亲是一位老师。她的父母祖籍波兰,都曾是生活在立陶宛的犹太人。桑塔格的姓氏(Sontag)是在她生父去世七年后,母亲改嫁后其继父的姓氏。

还在上中学的15岁的桑塔格就展现了自己的文学天赋,在其就读的北好莱坞中学担任了学校杂志的主编。一年的主编生涯结束后,桑塔格也顺利地考入了加州大学伯克利分校,同年转入开设众多西方经典赏析课的芝加哥大学进行学习。17岁还在上大学三年级的桑塔格就与认识仅十天的社会学教授菲利普·里夫闪婚,并于次年毕业,获得学士学位。1952年,19岁的桑塔格诞下一子戴维·里夫。三年后,桑塔格开始在哈佛大学攻读文学专业硕士,后转攻神学和哲学专业,师从保罗·蒂利希,并于25岁完成研究生阶段的学习,获得哲学硕士学位。从哈佛毕业之后,桑塔格获得了牛津大学圣·安妮女子学院的奖学金,于1957年至1958年孤身一人到英国牛津进行学术学习。在牛津学习期间，她交到了许多朋友，他们中的许多人日后都成为了在全世界范围内都颇具影响力的知识分子。她曾和爱尔兰女作家爱丽丝·默多克、英国哲学家斯图亚特·汉普希尔、阿尔弗雷德·艾耶尔等朋友一起参加约翰·朗肖·奥斯汀的研讨会，还一起听过以赛亚·柏林的讲座。此后不久，桑塔格搬去巴黎并被巴黎大学所吸引，有过继续在巴黎大学攻读哲学博士的想法，她在博士预备考试中获得了该年度哲学博士候选人的第一名，还申请到了巴黎大学博士学位的奖学金，旁听过西蒙·德·波伏娃的课，但她在最后并没有完成博士论文。直到80年代，桑塔格几乎每年都会花上一半的时间住在巴黎，这里的文艺气息深深地吸引着她。长期在法国的生活经历使她的法语进步速度飞快，她曾用非常流利的法语在法国电视台上接受过记者的访问。桑塔格喜欢去法国的戏剧院看戏，也热衷于和当地的朋友讨论或经典或前卫的摇滚乐、新浪潮电影和文艺思潮。1958年，桑塔格与丈夫离婚，和儿子一同返回纽约在《评论》杂志社担任编辑。之后，她又分别受聘任教于纽约城市学院的哲学系和哥伦比亚大学的宗教系。在任职期间，她开始在《党派评论》、《纽约书评》和《评论》等美国非常有影响力的杂志上发表评论、随笔和短篇小说，这些文章让越来越多的人注意到桑塔格这一文艺评论界的新星正在冉冉升起。

30多岁的桑塔格尝试了许多她人生中的第一次。1963年，30岁的她的第一部小说《恩主》由法拉、斯特劳斯和吉罗克斯公司(Farrar, Straus and Giroux)出版。三年之后，桑塔格出版了她的第一本文论集《反对阐释》，从此她在美国学界名声鹊起。凭借该书，桑塔格还获得了乔治·波尔克评论纪念奖和古根海姆基金会提供的研究基金。1969年5月，她自导自演的第一部电影《食人者二重奏》在戛纳首映。1975年，42岁的桑塔格因为查出患乳腺癌人生轨迹发生了一定的变化。她经历了患病、治疗和痊愈的挣扎过程，并根据其患病的经历和感想创作并发表了极具影响力的

《作为疾病的隐喻》。她在44岁的时候发表了至今都被摄影界视为经典著作的《论摄影》,也在同年发表了其第一部也是唯一一部短篇小说集《我,及其他》。50岁的桑塔格沉淀于写作和创作中也奔走忙碌于各类社会活动中:她参加过韩国首尔举行的国际会议,并在会上强烈抗议了韩国政府对朝鲜作家的迫害;她公然抨击东欧国家的法西斯行径;她还公开支持发表了在穆斯林世界引起极大争议小说《撒旦诗篇》的作者萨尔曼·拉什迪。进入60岁后的这一阶段是桑塔格生命中的最后十年,也是她文学成果收获颇丰的时期,她发表了五部重量级的作品:一部剧本《床上的爱丽丝》、两部长篇小说《火山情人》和《在美国》、一篇短篇小说《我们现在的生活方式》以及一本文论集《重点所在》。苏珊·桑塔格于1993年当选美国文学艺术学院院士,并获得了哥伦比亚大学和哈佛大学的荣誉博士学位。特别值得一提的是,从当年的四月开始到之后的三年60岁的桑塔格多次往返战火交加的萨拉热窝,并在那里导演了贝克特的戏剧《等待戈多》。2001年"9·11事件"发生之后,桑塔格反战立场鲜明。她安抚了受伤的美国民众,抨击了恐怖分子的非人道主义恶行,也呼吁美国政府反思自己的霸权外交政策。她在《法兰克福汇报》和《纽约客》上同时发表反战文章《强大帮助不了我们》,呼吁美国民众平等看待穆斯兰世界的公民。她的这一举动在参战情绪高涨的美国国内引起了轩然大波。2004年12月28日,71岁的苏珊·桑塔格因急性骨髓性白血病逝世,遗体埋葬于法国巴黎的拉雪兹神父公墓。

第二节　苏珊·桑塔格的作家身份与文学评论家身份

桑塔格的美学思想太过锋芒,作为知识分子在公共事业方面作出的贡献也非常突出,以至于在某种程度上极容易让人们忽略她在文学创作和文学评论两方面所取得的成就。一方面，苏珊·桑塔格在文学创作方面硕果累累。她前后发表了《恩主》、《死亡匣子》和《在美国》等六部长篇小说、一部短篇小说集《我，及其他》，还创作了剧本《床上的爱丽丝》和《食人者二重奏》。可以说"作家"这一称号是她一生最钟爱的头衔。她在保持文学创作高产的同时也取得了不小的成绩，她的短篇小说《我们现在的生活方式》更是入选了由约翰·厄普代克和卡特里纳·凯尼森编选的《世纪美国最佳短篇小说集》。小说《恩主》一经出版便非常畅销，还被翻译为十八种语言销往世界各地。桑塔格单是凭借小说《在美国》就获得过美国全国图书奖、耶路撒冷国际文学奖和德国书业和平奖三项国际性文学奖项。另一方面，桑塔格在文学评论方面也有自己独道的见解。虽然桑塔格有如《反对阐释》、《在土星的标志下》和《激进意志的样式》等诸多美学评论作品，但这些美学评论中渗透着大量与文学相关的讨论。《反对阐释》和《重点所在》中有三分之一的篇幅都是与文学相关的评论，利兰·波格和科特出版的桑塔格谈话录中更是积攒了大量桑塔格的文学批评观点。这些文章和访谈是分析桑塔格文学观和文学作品非常珍贵的学术资源。从她的这些与文学有关的评论中，读者清晰地看到桑塔格的文学建树和她对于文学这种艺术形式的思考。然而令人遗憾的是，她的文学观念迄今为止并未被系统地梳理，她的文学论作也仿佛遗珠一般没有受到太多的关注。

每个作家和文学评论家看待文学创作和文学规律的观点不可能是无本之木、无源之水，了解作家和文学评论家的文学思想的理论来源是至关重要的。众所周知，苏珊·桑塔格在美学方面的成就之一是将欧洲比较先锋的文艺理论介绍到美国，让美国学界更多地关注欧洲美学方面的学术动态。相应的，桑塔格的文学思想当然也受到了欧洲文学思潮的影响。这一点在桑塔格的文学评论中清晰可见。但很少有学者注意到桑塔格的文学观也受到了来自美国本土文学流派不小的影响。桑塔格是对理论风向非常敏锐的一个人。20 世纪 30 年代之后的美国文学评论流派蓬勃发展,这一点桑塔格当然感受得到。如果仔细阅读桑塔格的文学评论和采访,就能明显地看出桑塔格的文学观在受到欧洲思潮的影响之下,其实也受到了美国本土文学思潮不小的影响。

第三节 第三代纽约知识分子

毋庸置疑,苏珊·桑塔格由于其自身的学识背景、犹太裔身份以及左翼思想而被归为第三代纽约知识分子。她在文论和采访中也多次表达过对第一代纽约知识分子莱昂内尔·特里林的崇拜之情。纽约知识分子是从 20 世纪 30 年代开始在美国很有影响力的一大文学流派。欧文·豪、菲利普·拉夫、莱昂内尔·特里林夫妇和玛丽·麦卡锡等都是这个派别的代表人物。该派的许多创始人都是激进的文学记者出身,他们多为《党派评论》、《纽约书评》或《评论》等杂志撰稿。作为该学派的一员,桑塔格在 1959 年接受的第一份工作就是为她自己钟爱投稿的《评论》杂志社担任编辑。纽约知识分子中的大多数成员后来都脱离了新闻圈而进入学术圈,并多成为了受人尊敬的大学教授。

桑塔格也辗转于纽约城市大学和芝加哥大学等多校任职,是大学的教职人员。和桑塔格相似,纽约知识分子中的大部分成员都有犹太民族的血统或者逐渐地转信犹太教。早期的纽约知识分子多生于第一次世界大战前后,通过向《党派评论》投稿而进入这一派别,可以说《党派评论》这一期刊是纽约知识分子人的一个非常重要的展现自我的平台。该期刊虽然不是由大学的出版社负责出版,但是它却以严肃评论和高质量的文化批评文章而著名。这一期刊给青年时期的桑塔格留下了深刻的印象。她曾在采访中这样描述过她第一次读到《党派评论》的情形:"我挑了本《党派评论》,开始看莱昂内尔·特里林写的《艺术与财富》;我开始激动得颤抖,从此以后,我的梦想就是长大搬到纽约去,为《党派评论》撰稿。"[①]1962年,桑塔格终于完成了她的这一心愿。29岁的她第一次在《党派评论》上发表了具有一定影响力的评论犹太作家I. B. 辛格的文章。从此以后,在桑塔格的一生当中,她和《党派评论》都有非常密切的合作,直到1995年桑塔格才最后一次在该刊上发表了一篇名为《丹尼洛·基什》的评论性稿件。

纽约知识分子除了在身份上有许多相似点,他们在政治态度和学术上也有着许多共同特点。纽约知识分子的领头人欧文·豪曾用第三人称的表述这样描述过纽约知识分子这一学派的政治倾向和治学精神:

> "他们跟社会有一种隔离感;他们是激进分子和民主(不是革命)社会主义者,反对斯大林主义和苏维埃独裁共产主义;他们喜好论战,有意识地要显示出才华横溢;他们关注的是后启蒙的欧洲文化和后浪漫的美国文化;他们很晚才加盟先锋文学现代主义和马克思主义,但是一旦加入却热情洋溢;文学上,他们崇尚复杂、一致、讽刺、理性、含混、严肃、机智和开放的价值观;他们自觉地、常常是系统地把都市文化和激进政治联系在一起;他们的批评带着强烈的社会道德意识。"[②]

在政治上,在那时的美国很多媒体都将斯大林主义宣传成马

① 苏珊·桑塔格:《苏珊·桑塔格谈话录》[M]. 姚君伟译,上海:上海译文出版社,2015,第111页。

② 文森特·里奇:《20世纪30年代至80年代的美国文学批评》[M]. 王顺珠译,北京:北京大学出版社,2013,第84页。

克思主义的分支，民众普遍将苏联看成是社会主义的代名词。总体而言，他们对待马克思主义和社会主义国家的态度是敌视的。不同于美国民众，纽约知识分子和当时的许多文化人士一样将马克思主义看作哲学的一个有重大影响力的分支，虽然接触到的马克思主义较晚，但像欧文·豪所描述的一样，他们中的大多数一旦接触上马克思主义，便对它产生了浓厚的兴趣。桑塔格对马克思主义的了解不像美国民众只限于大众媒体的传播，也不像许多纽约知识分子一样只局限在书本中的阅读，她的前夫就是马克思主义方面的社会学专家，青年时期的桑塔格就对马克思主义的著作有了广泛的阅读，她还亲身走访了实践马克思主义的中国、越南和古巴三个社会主义国家。与其他纽约知识分子对马克思主义秉持热情的态度，而对斯大林主义持反感的情绪不同，桑塔格对马克思主义本身也不是完全欣赏的。

在文学方面，桑塔格也像豪所描述的大多数纽约知识分子一样非常关注欧洲文化，并且对现代主义十分感兴趣。纽约知识分子崇尚象征主义文学和现实主义文学，在他们创造的文学世界中，既有对外界世界的关注也有对展现自我世界的重视。他们想要探究虚无的世界也充分地展现现实生活。由于他们中的很多人都是记者出身，所以他们推崇的多是理性和讽刺性强的文学。在这一点上，桑塔格则有不同的看法，她对报道式的作品并无好感，也对纯粹的现实主义文学不抱有友好的态度。在文学评论方面，她也对现实主义对现代主义文学的不包容态度表示怀疑。此外，许多纽约知识分子在政治上都持新左翼的观点。他们也表达出自己的文学作品是在为政治观点服务的写作态度。在这一点上，桑塔格与纽约知识分子的写作态度截然不同，她不认为自己的文学作品是为自己的政治观点所用。她曾在 1988 年的一篇采访中表示：

"我并不是一个政治作家。我是一个有政治和道德原则的作家，就像过去这两百年来的许多作家一样。但我的写作并不为我的观点服务。不过，我的确相信，我完全致力于文化批评的理念。我觉得那才是一个知识分子——相对于当个作家——的样子。"①

从这段引文中可以看出，桑塔格虽有鲜明的政治观点，但她将文学创作是与政治立场相分离的，她自认为自己的文学创作不为政治意图而服务。通过阅读这段访谈读者也能注意到桑塔格和大多数纽约知识分子一样重视文化批评，认为文化批评是知识分子的责任所在。

在桑塔格评文章高产的20世纪60年代到90年代，正是左翼批评盛行的时期，桑塔格在公开场合不止一次地表示过自己在政治上也是一位不折不扣的左翼公共知识分子。但左翼的文艺批评通常把美学现象、艺术作品与政治文化生活相关联，将文本与消费经济、政治体制和历史问题等社会诸多元素结合在一起进行研究。桑塔格的文学观更偏向于将文学作为一个独立的个体进行鉴赏，她更在乎作品的风格和艺术形式。桑塔格虽然表示过自己在政治上是新左翼分子，但通过阅读和分析她的文学评论可以清楚地看出她的写作以及文学观点和她的政治立场是有一定距离的。她在1968年创作的《河内之行》中就曾表示过：

"我既不是记者，也不是政治活动家（虽然我惯于在请愿书上留名并且参加过反战游行），更不是亚洲问题专家，只是一个顽固的、术业不专攻的作家，迄今未能通过小说或散文

---

① 苏珊·桑塔格：《苏珊·桑塔格谈话录》[M]. 姚伟君译，上海：上海译文出版社，2015，第164页。

来表达自己演变中的激进的政治信仰，以及作为一个美帝国公民的道德存疑…”①

在此处，她表明更看重自己的作家身份。尽管她热衷于参加政治活动，但她的政治信仰与文学创作和学术评论是有距离的。在历史上，像桑塔格这种政治信仰和艺术观念相分离的艺术家并不是特例，古典马克思主义中的“矛盾原则”就解释过艺术家的政治观点和艺术表达常常是大相径庭的这样一种矛盾的现象。我们也应该看到桑塔格的文学观和艺术观是与她的政治立场保持距离的，她的文学作品和评论不完全是她个人政治观点的体现。

桑塔格在接受耶路撒冷文学奖的时候，曾在演讲《文字的良心》中分享过她所认为的作家作为公共知识分子所扮演的角色：

“我不质疑作家参与公共问题辩论、与其他志趣相投者追求共同目标和团结一致的权利。

我也不觉得这种活动会使作家远离产生文学的那个隐遁、怪癖的内在场所。同样地，几乎所有构成过丰富人生的其他活动，也都无可非议。

但受良心或兴趣的必要性驱使，自愿去参与公共辩论和公共行动是一回事，按需求制造意见——被截取片言只语播放出来的道德说教——则是另一回事。

不是：在那儿，做那个。而是：支持这，反对那。”②

一方面，她认为作家基于兴趣使然从事任何社会公共活动和

① 苏珊·桑塔格：《激进意志的样式》[M]. 何宁、周丽华、王磊译，上海：上海译文出版社，2007，第221页。

② 苏珊·桑塔格：《同时》[M]. 黄灿然译，上海：上海译文出版社，2009，第154页。

政治活动,承担公共知识分子的责任都无可厚非。但另一方面,她却认为作家应该谨慎发声,不能成为"生产意见的机器"[①],来以所谓正确的伦理和道德导向来影响大众。实际上,桑塔格也是如此这般去实践的。桑塔格的新左翼更多地体现在她的行动中。她反越战立场鲜明;曾先后十多次抵达波黑战场支援当地难民;实地走访过古巴、越南、中国等社会主义国家;"9·11事件"发生过后,她在谴责恐怖分子非人道主义行为的基础上也规劝美国人民反思其政府的强权政治,希望自己的同胞能多审视自己民族在国际舞台上的利己主义做法。历史上,一些知识分子因受到原生的、国籍的忠诚的限制,对外国和自己的祖国采取双重评判标准的现象并不少见。比如法国学者阿列克西·托克维尔在谈论美国的民主时曾批判了惨无人道的黑人奴隶制度,但在论及其祖国法国在阿尔及利亚的政策时,他却避重就轻,为法国寻找开脱之词。相比之下,桑塔格要相对客观公正得多。可以说她是"从更宽广的人类范围来理解特定的种族或民族所蒙受的苦难"[②],来正视自己民族的问题。她是名副其实的"美国公众的良心",纽约知识分子的责任多在她的实际行动中体现。

朱利安·班达曾有一个重要的论断,认为知识分子是人类的良心。而苏珊·桑塔格认为对于作家而言,文字也应是有良心的。美国学者拉塞尔·雅各比的《最后的知识分子》一书,曾特别提到过以苏珊·桑塔格和欧文·豪为代表的纽约知识分子是坚挺过来的一代知识分子,而其他知识分子群体多在逐渐衰落,因为很多知识分子需要固定的收入和安稳的生活,需要以记者、大学教师、政府顾问等职业来养家糊口,而被迫为谋生而发表一些

---

① 苏珊·桑塔格:《同时》[M].黄灿然译,上海:上海译文出版社,2009,第155页。

② 爱德华·萨义德:《知识分子论》[M].单德兴译,北京:生活·读书·新知三联书店,2016,第56页。

取悦政治团体或大众的言论。桑塔格在领取耶路撒冷文学奖的时候曾表示她认为作家作为公共知识分子的一部分应该在写作和参与公共事务的行动中实现自己的价值，而不应取悦于大众或某些特别的社会组织，成为约定俗成观点的簇拥者。

> “作家的首要职责不是发表意见，而是讲出真相……以及拒绝成为谎言和假话的同谋。文学是一座细微差别和相反意见的屋子，而不是简化的声音的屋子。作家的职责是使人们不轻易听信于精神抢掠者。作家的职责是让我们看到世界本来的样子，充满各种不同的要求、部分和经验。”①

桑塔格心目中理想的作家是有独立灵魂的，是不拘于“政治正确性”的。她希望作家能呈现给读者一个丰富的、充满各种可能性的世界。参与众多社会活动是她的个人选择，将她的文学与政治选择相分离是她文学观的独特之处。综上所述，桑塔格在身份上和多数立场上是归属于新纽约知识分子的，她承担起了一个公共知识分子应有的责任，但同时在文学见解方面她又有不同于纽约知识分子的地方，她保持了自己鲜明的文学观。

第四节　滋养苏珊·桑塔格的文学土壤

提到苏珊·桑塔格的美学评论，大家通常会不约而同地认为她的观点在20世纪60年代是非常先锋的。如果单看桑塔格的文学思想并将其放在整个美国文学批评史中去评判，那么她的部

---

① 苏珊·桑塔格：《同时》[M].黄灿然译，上海：上海译文出版社，2009，第155页。

分文学观也许能在这条河流中找到源头。但如果要说苏珊·桑塔格只受某一特定美国文学思想流派的影响，这样的判断就显然是偏颇了。她的文学身份是多元化的，她对文学的判断标准也不是单一的。桑塔格没有因为特别受某一思想的影响而受困于这一流派。她的文学观不屈从于某一流派，她受到影响的某些美国思想流派之间的观点和立场和她的个人身份甚至是互相排斥的，比如，桑塔格是第三代纽约知识分子的成员，但是大多数纽约知识分子对于后现代主义和新左派都是持反对立场的，在这一点上她很难与其他纽约知识分子达成共识。作家和评论家作为独立的个体，就算其归为某一类流派，也难免会发现其与所属流派观点有相左的地方。对于桑塔格来说也是如此。很难断定她的文学观点完全从属于某一文学流派，但通过阅读她的文学评论和一些访谈材料却的确可以看出她文学思想的源头。20 世纪 30 年代，是美国当代文学批评最辉煌的时期。这番繁荣的景象得益于四大重要文学批评学派的争鸣：马克思主义学派、芝加哥学派、纽约知识分子学派和新批评学派。在这四大学派中，有三个学派与桑塔格有直接或间接的关系。这三大学派的繁荣时期是在 20 世纪 30 年代，而桑塔格的文论是在 60、70 年代在美国盛行开来。时隔三十年，那些曾经被三大学派关注过的一些问题又被桑塔格重新关注和讨论。这当然是因为这些问题本身就是经典的值得经久不衰的思考和讨论，也可能是由于这些问题“所表达的对趣味的种种评判或许已经流行开来。但据以做出这些评判的价值却并没有流行开来。”①

苏珊·桑塔格本人并不只身致力于文学理论的构建，她对文学理论构建保持着一种刻意漠然的态度。她似乎惧怕极易从构

---

① 苏珊·桑塔格：《反对阐释》[M]. 程巍译，上海：上海译文出版社，2003，第 105 页。

建理论衍生出来的忠诚会成为她文学评论和文学创作的绊脚石。虽然苏珊·桑塔格从没热衷于建构某一学派的文学理论，但她对于许多文学流派的文学观点和许多作家的写作风格都是有自己独特的见解。桑塔格特别对于敢于创新的文学流派持包容和鼓励的态度。作为纽约知识分子的一员，她一方面深受美国本土的新批评派和芝加哥学派的影响；另一方面，她一生钟爱欧洲的先锋艺术，在文学方面对法国的新小说派颇有兴趣。

一、新小说派的反思

苏珊·桑塔格多次在文论和采访中提到过法国新小说派，她在《反对阐释》中有一篇《纳塔丽·萨洛特与小说》是专门评论新小说派的。桑塔格一生挚爱巴黎，她对于法国太熟悉了，能够熟练地用法语进行交谈，其后半生中一半时间都是在法国度过的。桑塔格死后并没有在美国下葬，而是根据她的个人意愿将她的遗体埋葬在法国巴黎的拉雪兹神父公墓。她与法国有着不解之缘，她非常熟悉法国的文学流派，但在文学方面尤其钟情于新小说派。桑塔格虽不全盘接受法国新小说派的文学观点，但她对新小说派的评价中流露着爱慕之情，也显示了其对于小说这一文学体裁的诸多思考。在1988年《我们必须捍卫严肃性》桑塔格的一篇访谈中，她直接地表达了对新小说这一概念的欣赏之情：

> “我真正更加喜欢的是新小说这个概念。当我写文章谈论萨洛特和罗伯格里耶时，我更喜欢他们的随笔以及他们关于小说的观点，而不是他们自己在写的小说。那些随笔，尤其是《反对阐释》里的那几篇，是在对那个时期存在于说英语的地方文化环境做出反应。那个时候在英国和美国，几乎所有创作的小说都颇具社会学和心理学的宗旨，而且，评论家

总是从其观点方面来展开讨论。所以，我的这些观点，我猜你可以称之为形式主义的，是批评那种文学的一种方法。但我认为，事实上，《反对阐释》中的目标或对手的种种偏见现在要弱多了。”①

从此段采访中不难看出与很多读者一样，桑塔格欣赏两位概念创始人萨洛特和罗布特·格里耶的文学评论而胜过于他们的文学作品。新小说的哪些特质吸引了桑塔格？桑塔格又在自己的文集中对于新小说的观点给予了怎样的回应？回答了这两个问题，也许会帮助读者离桑塔格的文学观又更进一步。

桑塔格说她很喜欢新小说这一文学概念。到底是怎样的新小说概念吸引了桑塔格呢？新小说的奠基人阿兰·罗伯-格里耶曾这样描述这一文学名词：“新小说不是一种理论，它是一种探索”。② 格里耶认为能将新小说这一文学流派聚集在一起的是新小说家们摆脱小说写作方式停滞不前、僵化不堪的这一共同愿望。新小说并不是像许多学者认为的那样编订了一套所谓的未来小说的写作规则，也并没有彻底摧毁过去小说世界建立起来条条框框的规范。新小说是一次探索，一次与过去过分戒律的小说世界所做的一次斗争。它并没有为小说设定任何具体的规则。如果想用一个字概括这一流派的宗旨，那应该就是：变。新小说派认为小说这一文学形式被长久地钉在巴尔扎克时代小说的规则之上，它需要改变。过去许多作家趋向于全知全能的叙述视角，小说中的场景也被描述得琐碎而精细。作家以此来表现现实，来反映现实。新小说派成员为围绕着意义而写作的小说感到

---

① 苏珊·桑塔格：《苏珊·桑塔格谈话录》[M]. 姚君伟译，上海：上海译文出版社，2015，第174页。

② 阿兰·罗伯-格里耶：《为了一种新小说》[M]. 余中先译，长沙：湖南文艺出版社，2011，第157页。

沮丧，为强调“客观性”的文学作品而表示不屑。他们希望小说能够不停地发展变化。他们为出现卡夫卡、福克纳以及普鲁斯特这样不同于以往的作家而感到欣喜。他们想让读者注意到小说这一文学形式的不断变化，更想让读者看到这种变化是势不可挡的，是一个无法扭转的趋势。新小说派的这种包容精神和他们所提出的关于小说发展的理念深深地吸引力了桑塔格。相反，她对黑格尔和马克思主义批评家的一些看法是持怀疑态度的。桑塔格虽然多次肯定了马克思主义的新历史主义观，但她觉得还是马克思主义的“这些批评家必定在大体上对现代艺术没有好感或感觉迟钝。”[①]换言之，桑塔格觉得马克思主义批评者对现代主义文学在缺乏重视的同时也缺乏包容感。她认为这些马克思主义的批评家并未将大多数二十世纪伟大的艺术作品纳入他们的欣赏范围之内，这主要是因为他们将艺术作为社会、道德、文化、历史或政治生活的文献的这一标准，而二十世纪的许多经典艺术作品都很难符合这一规范。她还在《乔治·卢卡奇的文学批评》中曾对新马克思主义批评家的许多批评品位和评判标准提出怀疑。例如，她质疑新马克思主义批评家们将卡夫卡的文学看成反动文学的原因(是因为它的寓言性是非历史化的产物)。显然，桑塔格所说的最欣赏新小说派的概念就是这种对不断出现的新小说的包容精神，以及这种对小说这种艺术形式在不断变化的描述性的行为。

除了被新小说的这一概念所吸引，桑塔格也对于新小说派的其他观点有自己的见解。在《纳塔丽·萨洛特与小说》的开篇，桑塔格首先描述了小说与其他艺术形式不同的这一事实。“通俗易懂”这类形容词对于诸如音乐和绘画这些类艺术来说已经是极为

---

① 苏珊·桑塔格：《反对阐释》[M]. 程巍译，上海：上海译文出版社，2003，第359页。

贬义的形容词了，但对于小说来说却有不同的情形。她认为小说如果一味地变复杂就是在慢慢地向读者关闭它阅读的大门。桑塔格反对为了变而变的文学艺术。她认为“小说放弃浅显易懂的形式和不再固守一套老掉牙的美学理论，无疑将导致大量的既乏味又做作的作品”[①]。在她看来二十世纪出现的许多经典文学作品（卡夫卡的、普鲁斯特的、纳博科夫的、乔伊斯的作品等）虽然都各领风骚，但它们都是个例，无法将它们统一到一个体系之下。这些作品都像文学史中的个例一样，后来人的作品很难模仿它们，更难加入它们。她将这些作品比作大规模拉锯战中战场上的零星突袭，还不成气候，而新小说派的出现可谓是一次有组织有规模的战役。这次战役的目标是淡化十九世纪现实主义文学给新文学刻下的深深烙印。桑塔格肯定了这次战役的领导人萨洛特为了打胜这场战役而做出的一些努力。桑塔格认为萨洛特反对现实主义的理由是成立的：现实世界本身就不是清楚明白的，所以现实主义写作也不能像全知全能的上帝一样向读者展示生活到底是怎么一回事。尤其在电影业兴起之后，文学再也无法像从前那样让读者心悦诚服地欣赏它所描述的那些场景的细节和人物了。在写作手法上，以萨洛特为首的新小说派拒绝巴尔扎克式的全知全能的叙事方法，提倡在小说中放弃制造逼真的场景和人物，保留和增加小说中人类感情复杂性的描写。他们强调叙述的主观性和小说中人物直接的、纯粹的情感表达。

桑塔格在赞同萨洛特挑战现实主义权威的同时，也对她的另外两个观点提出质疑。其一，桑塔格对萨洛特的小说削弱心理描写的处理表示怀疑。许多新小说派的人物声称自己的文学作品是自己文学理念的实践和补充，萨洛特就是其中之一。在理论

① 苏珊·桑塔格：《反对阐释》[M]. 程巍译，上海：上海译文出版社，2003，第118页。

上，萨洛特贬低伍尔夫、普鲁斯特和乔伊斯小说中的心理描写，并认为这些意识流不过是词语的组合罢了。她反对片面的心理描写，认为这种心理描写不能作为推动情节发展的手法而大量存在在小说中。对此说法，桑塔格举了一个生动的例子来反驳萨洛特的观点。她将人比作海洋，而将小说中心理活动的描写比作潜泳这种探寻海洋深处的行为，小说家对心理的描绘就像是在绘制一幅幅静态的图画，试图将流动的水流状态定格为固态之物呈现给读者欣赏。桑塔格觉得描述方式如果老套确实会造成作品的乏味可陈，动机简单化的心理描写也会使人物的情感呈现缺少复杂性和可推敲性。但她更觉得不能因噎废食，不应从根本上摒弃心理描写，放弃对深海的探索和描绘，从而使读者失去欣赏深海的机会。在实践方面，桑塔格认为萨洛特的小说创作也没有兑现她的文学理论，她没有彻底的放弃心理描写，而是用大段的独白来替代心理描写，来推动情节发展的方式。萨洛特的小说多讲述不起眼的事件，也缺乏惊心动魄的场景，她所创作出来的更多地是类似戏剧性的对人物行为的解释性的连续不断的独白和对话，以此来推动情节的发展。桑塔格认为这是创作过程中缺乏和需要心理描写的表现。其二，萨洛特虽然抨击了巴尔扎克式精细的现实主义描写，她却没能全然放弃“现实”二字，而剑走偏锋地认为文学家应善于发现未被发现的现实，并应为创作出绝对的真实而不懈努力。桑塔格认为正是萨洛特对现实和真实的这种欲拒还迎的做法使得她陷入到必须二选一（主观还是客观、原创还是先入为主）的画地为牢的境地。按照桑塔格的观点，每个作家都是带着自己对现实的看法而在创作自己心目中的现实主义文学。而如果“现实主义”这个词语适用于所有的作家，那它就变得不再有任何意义。就像奥尔巴赫在《摹仿论》中所表达的，文学创作者虽然都在秉承着自己心目中对现实的忠诚而着手创作，但是他们所创作出的文学作品已然呈现出不同时代不同风格的变化趋势。

既然每个流派都在为自己心目中的现实而写作，桑塔格也没有否认萨洛特对现实和真实的执念的必要性，而是反对的是“某一种现实主义文学的特权地位，”[①]也就是某一种自认为凌驾于其他文学流派之上的“现实主义”文学流派。七年之后，桑塔格在采访中再一次回顾了她当年对萨洛特的评价。她觉得当时的自己对萨洛特的这种理论和实践出现偏差的行为有些过分苛刻和挑剔了。[②] 但桑塔鼓励文学作品大可以讲述人们熟悉的世界，也可以在放飞自我、包容现实的路上走得再远一些的这一做法还是有较为深刻的意义的。

二、芝加哥学派的教化

苏珊·桑塔格大学报考的第一志愿并不是加州大学伯克利分校，而是芝加哥大学。无奈于与母亲的报考意见相左，桑塔格最初还是顺从了母亲的意愿去了伯克利读书。但她最终还是在伯克利就读一学期后，遵从自己的内心转学到了芝加哥大学。在那里，她主修哲学，辅修古代历史和文学专业。加州大学伯克利分校和芝加哥大学都是美国非常优质的大学，都是世界公认的顶尖的学府，为什么桑塔格还会毅然地放弃伯克利而决定转入芝加哥大学进行学习呢？丹尼尔·史莱博（Daniel Schreiber）在书写桑塔格的传记中曾提到过这样的一个细节：

> “Susan Sontag had read an article in Collier’s about the University of Chicago and its undergraduate curriculum,

---

① 苏珊·桑塔格：《苏珊·桑塔格谈话录》[M]. 姚君伟译，上海：上海译文出版社，2015，第 11 页。

② 苏珊·桑塔格：《苏珊·桑塔格谈话录》[M]. 姚君伟译，上海：上海译文出版社，2015，第 8 页。

which was based on the Great Books and had no electives."①

抛开其生活中的个人因素不谈，桑塔格的这一选择显然是受到了芝加哥大学的人文教育改革突出成果的影响，被其所开设的西方经典核心课程（core curriculum）所吸引而决定去芝加哥大学读书。这个现在仍被许多美国名校采用的核心课程教育方式在当年曾经是芝加哥大学最具影响力的办学特色。就读文科类课程的芝加哥大学学生要在其大学生涯必修这些西方文论的经典课程也要服从学校安排阅读一百多部经典书目（Great Books）。课程的设置要求学生广泛地阅读社会科学、人类学和文学理论等经典文科类书籍来培养学生的批判性思考能力。这项教育举措在当时的美国高等教育学府中是很有特色的、非常与众不同的。不难猜想，桑塔格对芝加哥大学所抱有的热情是与这座大学的办学理念分不开的。当然不能说每一个从芝加哥大学人文专业毕业的学生都是芝加哥学派的支持者或代言人，但一个大学所培养的学生的思维方式和学术方法必然会对一个人一生的思维方式产生一定的影响。桑塔格在采访中曾几次提及芝加哥大学，还特别强调过她当年是新修辞学派奠基人肯尼斯·伯克的学生，②伯克经常邀请还是学生的桑塔格去到纽约西边的格林威治村和美国的许多现代主义的领军人物碰面。多年之后，留学归来的桑塔格还曾回到芝加哥大学任教。从个人经历上来说，芝加哥大学给她

---

① Daniel Schreiber, *Susan Sontag: A Biography* [M]. Translated by David Dollenmayer. Evanston: Northwestern University Press, 2014, P28. 译文为："苏珊·桑塔格曾经读过一篇有关芝加哥大学和它的本科学生培养的文章，里面有提到芝加哥大学的教学基础是让学生阅读经典书目，并且将这些书目列为必修课程的一部分。"

② 苏珊·桑塔格：《苏珊·桑塔格谈话录》[M]. 姚君伟译，上海：上海译文出版社，2015，第111页。

所带来的影响是不容小觑的。

芝加哥大学对人文科学和社会科学学科的重视和重建正是芝加哥学派建立的基础。在美国文学史上，菲利普·罗斯、索尔·贝娄以及库尔特·冯内古特等多位重量级的作家都毕业于芝加哥大学。芝加哥学派重视理论，更重视理论的历史。学派的代表人 R. S. 克莱恩曾经表示过对理论割裂历史的失望。他们认为应该把批评的问题和之前在批评史上其他人对这个问题所做的论述相关联，从而才能得出更精准的结论。他们同新批评学派一样倡导将文学批评作为一项专业化的技能培训，而纳入大学的课堂当中。他们反对将新的论点和前人的研究成果相割裂。这也是芝加哥大学教学的重点，他们的很多课程的期末考核都是考试而不是撰写论文，这是希望学生能够站在学科研究的历史中对问题进行剖析和解答，这样的教学方式对学生综合理论素养的培养有很大的帮助。从桑塔格的文论中也可以看出她对西方经典理论的涉猎广泛，不拘泥于学科。同时，她的理论功底也非常扎实，想必这些都与芝加哥大学要求学生广泛地阅读经典的培育方式有不小的关系。

在理论上建构方面，芝加哥学派偏向于将问题放在历史中理解，但在实际操作中，他们更看重以文本为中心的批评方式。克莱恩对"批评"做了排除法似的定义，试图告诉读者什么样的批评在他认为不是真正的批评：

> "当我们把诗歌或小说看作病例，试图挖掘创作者的性格，而不是作品的风格的时候，我们从事的不是批评，而是心理学研究；当我们在想像性作品中搜寻时代风俗、思潮或者'精神'，我们所从事的不是批评，而是历史学研究或社会学研究；当我们把批评当作一种手段，用来扩展和丰富度我们的生活经验或不停地灌输道德观念的时候，我们所从事的不

是批评，而是道德文化研究；当我们热衷于谈论我们自己喜欢什么或不喜欢什么的时候，我们从事的不是批评，而是自传研究。”[①]

克莱恩提出这个想法是有其时代背景的，在当时的美国批评更多地围绕作品的周边进行研究，把文学作品更多地与心理学、哲学、社会学和历史学等其他学科一起研究。在芝加哥派看来这样的批评较少地涉及作品，顾左右而言他，并没有回到文本的本质上来欣赏文本。“（克莱恩）偏重批评性理解，也就是形式主义批评。这种理解力图挖掘出想象性作品中的什么和怎么，而不是为什么。”[②]很显然，芝加哥学派倡导的并不是解释或阐释文本，不是挖掘文本的意义，而倡导的是批评，关注的是作品的形式和结构。他们渴望欣赏者更客观地描述文学作品，好让欣赏者更多地理解作家所呈现的世界，而不是代替作家告诉读者作家为什么要这样写。这些观点在桑塔格的《反对阐释》和其他文章中也都有体现。更多时候，桑塔格将芝加哥学派的论述对象从文学扩大到美学，她也认为在审美过程中不能将审美对象过多地和各个学科相互联系，从而让欣赏者学到了“知识”、看出来“问题”而本末倒置地忘记了体验审美的过程。芝加哥学派的另一大特点是注重文学作品故事的情节、体裁的选择和叙事的角度，他们认为新批评学派只注重诗的语言是有一定局限性的。这一点和桑塔格所具有的文学品位非常相似。不论是从她的阅读书单还是她自己创作的文学作品都可以看出她对于形式多变且新颖的文学作品所持的包容和喜爱的态度。她的文学批评和文学创作也非常注重作

① R. S. Crane, *The Idea of the Humanities and Other Essays Critical and Historical* [M]. Chicago: University of Chicago Press, 1967, P12.

② 文森特·里奇：《20 世纪 30 年代至 80 年代的美国文学批评》[M]. 王顺珠译，北京：北京大学出版社，2013，第 70 页。

品中语言之外的其他文学要素。

从批评史的角度看,芝加哥学派也有自己的局限那就是重理论而轻实践。在这一点上也能在桑塔格的批评之中略见一二。芝加哥学派热衷于分析各种批评流派的理论分歧的逻辑,对于批评的实践,推崇"多元主义"的方法。他们认为任何文学理论都有其特定的语境,对于其研究对象的适用性也是有限的,因此批评者对于不同的文本可以采用不同的理论和批评方法,只要是恰当的就不用拘泥于学派和立场。"多元主义"一方面希望能够解放批评者,给批评带来了更多的可能性;另一方面,"多元主义"批评让芝加哥学派学者将大部分的时间都投入对理论和方法论的研究之中,而在实际的文学批评实践中没有有太多的建树。他们将大部分时间花在评判哪种批评方法用在哪些文本更合适,自己却较少地参与到文学文本的评论当中。在桑塔格的身上,我们也能看到这些特征。在美学评论中,她并没有完全地跟随某一流派或拥护某一学派的观点。这在某种程度上不正是芝加哥学派的"多元主义"的体现吗?她的经典文论更多的是关于某一位作家的评论、关于某一问题的讨论,或者是对别人评论观点的进一步评论,却很少就某一作品本身而进行批评。不难看出,芝加哥学派在学术上的这一弱点也在桑塔格身上也有所体现。

三、新批评派的影响

虽然苏珊·桑塔格的文学观点与其他新左翼文学评论家有所不同,但纵观整个美国文学批评史,桑塔格的观点却并不新鲜。新批评派是四大派别中最具有美国本土特色和影响力的学派。20 世纪 30 年代后期的美国评论家或多或少都是踏着新批评学派的脚印前行的,桑塔格也不例外,她曾在采访中说过在她十六岁的时候，她就“看完了所有新批评方面的书”[①]。桑塔格在采访中被问及最欣赏的美国知识分子时，她也曾回答是新批评的代表人物托马斯·斯特尔那斯·艾略特。[②] 新批评派有两个显著特征和桑塔格的文学观非常吻合。其一为“新批评派倡导把文学批评与文学来源、社会背景、思想史、政治和社会效应的研究分别开来，力求不仅要纯净文学批评、使其不受‘外在’关注的污染，而且要将批评的注意力完全放到‘文学对象’本身上来”。[③] 很显然，桑塔格也倡导较纯净的文学批评，她在其最有名的论著《反对阐释》和《论风格》中就曾抨击过将文学附属于思想的评论，而提倡将文学作为独立的艺术门类而进行鉴赏。20 世纪 30 年代是美国大萧条的时期，也是新批评学派兴起的时期，而到了 60 年代，桑塔格评论和写作高峰期的年代却是美国人生活相对富足的年代，随着经济的发展，国力的强盛，美国的评论家们越来越喜欢把文学和社会因素结合在一起去评判。文学固然可以从政治、道德与历史等多角度对其进行鉴赏，但文学其本身也有无限的价值和美感。如果单纯地以一部文学作品的其他非文学要素来评判它，那就失去了鉴赏文学本身美感的机会。桑塔格是强烈意识到这种价值和美感的批评家和作家之一。她的文学思想是源于她对美国文学界过度地阐释文学，从而使文学越来越成为社会元素附属品的一种深深担忧。其二为“新批评倡导的是一种文学的‘有机’理论，而不是一种形式与内容的二元理念”。[④] 部分桑塔格的研究者认

---

① 苏珊·桑塔格：《苏珊·桑塔格谈话录》[M]. 姚君伟译，上海：上海译文出版社，2015，第 111 页。

② 苏珊·桑塔格：《苏珊·桑塔格谈话录》[M]. 姚君伟译，上海：上海译文出版社，2015，第 141 页。

③ 文森特·里奇：《20 世纪 30 年代至 80 年代的美国文学批评》[M]. 王顺珠译，北京：北京大学出版社，2013，第 27 页。

④ 文森特·里奇：《20 世纪 30 年代至 80 年代的美国文学批评》[M]. 王顺珠译，北京：北京大学出版社，2013，第 27 页。

为桑塔格偏向形式而轻视内容，但事实上，她所持的观点和新批评学派一样，也是“有机”的文学观。她从未割裂过内容与形式的关系。如果非要把形式和内容放在天平的两端，桑塔格只不过是想拨动一下过度倾斜于内容的天平，而使计量者也能多为形式增添一些砝码。学界通常认为桑塔格的美学思想多是受欧洲学派的影响，这一点是毋庸置疑的，但如果从桑塔格的文学观角度来看，美国本土的文学批评流派也对她产生了非常深远的影响。

第二章 值得商榷的二元性

部分桑塔格的研究者将她的一生归纳为前期关注艺术本身，后期关注道德伦理；前期关注形式，后期关注内容。这些看法是对桑塔格一生过于简单化的描述。作家一生的创作风格固然可以被划分为早期的风格和晚期的风格，而且从早期到晚期也往往会有一定的变化，但这样的描述不免太过笼统和概括，这种简单的划分不是描述所有艺术家的万金油，更不适合用在桑塔格身上。因为桑塔格从一开始就没有站在天平的一端，更没有在年长之后走到天平的另一端。她从一开始就反对天平上的这种区分方式，反对将许多美学要素看做天平两端的砝码，她自己又怎会在天平两端摇摆？她曾在"和平奖"授奖演说中表示过："我一生把不少时间和精力用于试图去除两极化的思维方式和对立的思维方式的神话"。[①] 细读桑塔格的文论就可以发现她反对将二元性用作美学问题的方法论，她的大部分文学观不适合用简单的一分为二的二元性进行概括，她对二元性的反思也具有明显的解构主义性质。

---

① 苏珊·桑塔格：《同时》[M]. 黄灿然译，上海：上海译文出版社，2009，第207页。

从笛卡尔处为大众所熟知，在索绪尔结构主义语言学中被推崇的二元论必然有其理论支撑和哲学价值，但同样也有其适用范围，桑塔格本人就是强烈意识到这种适用范围局限性的评论家之一，她非常反对简单地用二元性来看待所有文学问题和艺术问题。认识二元性的局限性将会有益于认识桑塔格的诸多美学关键词：比如，弄清她对于形式与内容二元论的怀疑论态度对于了解她“反对阐释”的这一学术观点有十分重要的作用；弄清楚桑塔格对艺术与科学的看法将会对她提出的新感受力这一概念有更直观的判断。总而言之，了解桑塔格对于二元性的否定态度会让埋藏在她美学思想下的文学观更加清晰。

第一节　内容与形式的对立：过度阐释的滋长

许多国内外学者将苏珊·桑塔格归纳为一位形式主义者，但其实她是认为艺术中的形式不应与内容相对立，只是无奈于这种对立的想法是从柏拉图处开始，一经发生就很难逆转，在往后的岁月中更是慢慢地在人们的思想中变得根深蒂固了。桑塔格实际上担忧的是人们对艺术内容过度重视而轻视形式所导致的过度阐释这一行为的发生。

在《反对阐释》的开篇，她就向读者介绍了内容与形式相对立的起因，在她看来古希腊的艺术摹仿说是造成艺术的形式和内容相分离的主要原因。众所周知，柏拉图认为艺术的价值是微乎其微的。他认为艺术最主要的作用是对生活的摹仿。而后，亚里士多德试着反驳柏拉图的观点，为艺术的功用进行辩护。从那之后，人们似乎再也无法逃出“为诗辩护”的怪圈。桑塔格认为正是“为诗辩护”的这一行为成为形式与内容相分离的根源所在，它让艺术的价值不再由艺术本身决定，而是由艺术能否作为生活的反映物所决定。艺术不再作为一个主体而独立存在,而只能依附于生活中的现实元素而存在。这些现实元素既是艺术摹仿的对象又是艺术内容的主要组成部分。这种将内容作为本质,将形式当做附属的评判标准在将形式与内容相分离的同时,也产生了过度阐释这一不良后果:“对内容说的这种过分强调带来了一个后果,即对阐释的持续不断、永无止境的投入。”[①]这里的“过分”二字值得读者细细推敲,桑塔格并没有反对对内容的强调,而是反对“过分”强调。她认为既然“为诗辩护”这一行为一经发生,形式和内容相分离的事实已然无法逆转,那么对内容的过分关注就会不可避免地导致过度阐释这一行为的发生。过度阐释这一行为是从内容中榨取更多的内容,它让艺术品披上越来越厚的外衣,从而无法向世人展示自己原本的模样。在桑塔格看来,过度阐释源于阐释者对艺术的不满,而想把艺术改造成为自己满意的样子。这种不恰当的阐释行为是僵化的,束缚了人们的感受力,是智力给人们带来的报复。

相比音乐和绘画等其他艺术形式,桑塔格更担心文学会被阐释所侵袭:“阐释的这种平庸作风在文学中比在任何其他艺术门类中更为流行”。[②] 因为在桑塔格看来其他艺术可以通过使艺术越来越抽象的变化趋势来抵御阐释,但文学在进化过程中却与其他艺术相反,不但没有抵御住阐释的侵袭反而被赋予了越来越厚重的意义。“阅读批评堵住了人们借以获得新思想,即文化胆固醇的通道”。[③] 桑塔格将过度阐释的文学阅读批评比做血液中的

---

① 苏珊·桑塔格:《反对阐释》[M]. 程巍译,上海:上海译文出版社,2003,第10页。

② 苏珊·桑塔格:《反对阐释》[M]. 程巍译,上海:上海译文出版社,2003,第10页。

③ 苏珊·桑塔格:《心为身役:苏珊·桑塔格日记与笔记,1964—1980》[M]. 姚君伟译,上海:上海译文出版社,2015,第22页。

胆固醇，并认为它们含量过高会堵塞文化的血管，让新思想没办法顺畅的流通。这种阐释给文学裹上了厚重的躯壳，而使读者无法欣赏其原本的样子。

在文学的所有体裁之中，桑塔格又觉得小说和戏剧比诗歌更容易受到阐释的困扰。“与诗歌、绘画和音乐不同，(美国的)小说和戏剧并没有显示出对自身的形式的变化的令人感兴趣的关切，因而容易遭到阐释的侵袭”。[①] 的确，提到某一部小说或戏剧，读者们最先想到的往往是作品的故事，而不容易像诗歌一样让读者快速地注意到作者的表现手法。显然，桑塔格认为小说和戏剧没能像其他艺术一样注重作品的形式，是它们容易受到阐释侵袭的主要原因。

那么艺术作品是否因为怕受到阐释的干扰而不能对其进行阐释呢？对于这种因噎废食的论断，桑塔格给予了坚决的否定，她表示：“我并没有说艺术作品不可言说，不能被描述或诠释。它们可以被描述或诠释。问题是怎样来描述或诠释。”[②]由此可见，“反对阐释”这一书名是具有误导性的，是在一定程度上希望吸引大众眼球的。它容易让读者认为桑塔格是从根本上反对阐释这一行为的，其实桑塔格反对的是过度阐释，尤其是在文学方面。相比其他艺术，文学更容易被赋予过多的阐释行为。在桑塔格看来最好的阐释艺术的方法“需要更多地关注艺术形式。如果对内容的过度强调引起了阐释的自大，那么对形式的更广泛、更透彻的描述将消除这种自大。”[③]由此可见，桑塔格认为古往今来评论

---

① 苏珊·桑塔格：《反对阐释》[M]. 程巍译，上海：上海译文出版社，2003，第13页。

② 苏珊·桑塔格：《反对阐释》[M]. 程巍译，上海：上海译文出版社，2003，第14页。

③ 苏珊·桑塔格：《反对阐释》[M]. 程巍译，上海：上海译文出版社，2003，第15页。

家们过度关注艺术的内容，这种关注已经造成了过度阐释这一结果，想要消除这一结果就应该对曾经忽视的形式进行关注。她只是希望通过对艺术形式的关注来减少形式和内容相分离而带来的消极影响，并以此来治愈过度阐释给文学带来的伤痕。正是这种将艺术形式与内容相分离的二元论给不恰当的阐释留下了空间。桑塔格给出的建议是鼓励鉴赏者更多地关注艺术本身，因为“艺术并不仅仅是关于某物；它自己就是某物”①；她鼓励读者关注文学的形式，以此来调整文学中内容和形式的失衡。

第二节　文学与道德的交融：时空维度的扩展

在文学与道德的问题上，桑塔格对于两者关系的思考是具有启发意义的。首先，她认为“文学对立于道德的问题，是一个伪问题，”②这种对立是人为的，文学和道德从来就是相关联的。正是这种二元论让审美和伦理相互对立，彼此竞争。一方面，桑塔格认为艺术作品不可能激起欣赏者纯美学的感应，而也是会给人带来道德愉悦感的。这种道德愉悦不是评判作品中的某种行为所带来的愉悦感，不能按照生活中的道德标准去衡量艺术。艺术中的道德愉悦是一种智性满足。桑塔格将诺曼·梅勒的小说《一场美国梦》作为例子，向读者说明文学作品道德的感应不是从评价小说中人物行为对错中获得的，而是体现在阅读完小说后，意识所获得的道德的满足和升华。苏珊·桑塔格左翼作家的身份有时会让阅读者情不自禁地用她的道德立场去分析她的文学作品，

---

① 苏珊·桑塔格：《反对阐释》[M]. 程巍译，上海：上海译文出版社，2003，第25页。

② 苏珊·桑塔格：《反对阐释》[M]. 程巍译，上海：上海译文出版社，2003，第26页。

甚至有部分读者认为桑塔格的文学作品是专门为她政治和道德观点服务的。一位作家的生活经历和思想倾向的确与他文学创作的历程无法完全分割，但如果过于简单地认为作家的文学作品是用来表达其哲学、政治或社会问题观点的，那这样的看法则未免有些片面了，尤其是对于桑塔格这种认为“艺术并不仅仅是关于某物；它自己就是某物”①的作家来说。桑塔格认为艺术不是为人们提供道德倡导、文化知识或社会思想而存在的，艺术本身就是一种存在，它是对生活的一种拓展。艺术的道德功效在此处并未被否定，因为相比塑造人们头脑中的那些道德和思想，她相信有了艺术的滋养会让人们比以往任何时候能更强烈地去感受、更深刻地去体验。在她看来，道德和艺术并不是对立的，它们只是人类意识功能的两个不同方面而已。

另一方面，桑塔格认为艺术和道德也有相对立的时候。

> “只有当艺术作品被缩减为一种提供某种特定内容的声明时，只有当道德被等同于某种特定的道德（任何特定的道德都有其杂质，即那些不过是维护某种特定的社会利益和阶级价值的因素）时——只有在这种时候，艺术作品才被认为瓦解了道德。的确，只有在这种时候，审美与道德之间的绝对区分也才得以确立。”②

显然，桑塔格认为只有当广义的艺术被缩水成狭义的特定的内容时，当广义的道德被等同于为某种狭义的单数的道德时，此时狭义的艺术则与狭义的道德相对立。若想要消除这种本不该存在

---

① 苏珊·桑塔格：《反对阐释》[M]. 程巍译，上海：上海译文出版社，2003，第25页。

② 苏珊·桑塔格：《反对阐释》[M]. 程巍译，上海：上海译文出版社，2003，第29页。

的对立，桑塔格认为作品就不应该作为一种声明而提倡特定的伦理，使欣赏者不假思索地盲从于某一种单数的、狭隘的道德，而应该给他们道德选择的权利。她在发表演讲评价纳丁·戈迪默的时候就表达过她对文学创作者的道德使命的思考："以为坚守文学岗位的小说作家必然是一个思考道德问题的人"，但她同时也表示"这并不是说需要在任何直接或粗鲁的意义上进行道德说教"[①]。在桑塔格看来，艺术承担着道德的责任。这种责任不是体现在作品对读者道德的引导上，作家不应是某一种道德的说教，不应告诉读者什么样的道德是应该是被接纳的，什么样的道德是应该被摒弃的。"当我们作出道德判断，我们不只是在说这比那更好。在更根本的意义上，我们是在说这比那更重要"。[②] 她认为艺术作品中道德的实质是在杂乱无序的世界中让人们能注意到更应该被关注的东西，是吸引欣赏者的注意给他们指出值得思考的问题，而不是给予他们问题的答案。艺术工作者的这种责任更体现在审美对象自然而然的审美体验之中，这些作品会让欣赏者在思考什么是公正和不公正，什么是好和坏的过程中培养他们的道德判断力。当作品激发了读者的艺术感受力的时候也就滋养了他们道德选择的能力，艺术的道德责任也就完成了。

道德责任是如何具体地在文学作品中实现的呢？桑塔格认为"小说家根据他们可以把世界按其真样进行规定好的缩减——在空间和时间方面——的权利来执行他们必要的伦理任务。"[③]换言之，她认为小说的道德伦理任务是在小说对时间和空间的扩展

① 苏珊·桑塔格：《同时》[M]. 黄灿然译，上海：上海译文出版社，2009，第218页。

② 苏珊·桑塔格：《同时》[M]. 黄灿然译，上海：上海译文出版社，2009，第231页。

③ 苏珊·桑塔格：《同时》[M]. 黄灿然译，上海：上海译文出版社，2009，第234页。

中实现的。苏珊·桑塔格是在 2004 年纪念纳丁·戈迪默的讲座《同时：小说家与道德考量》中提到小说时间性和空间性这两个文学元素的。这个讲座是她生前被记录下的最后一个公开演讲的讲稿。该讲座名字中的关键字"同时"二字还被用来命名了桑塔格的一整本随笔和演说集《同时：随笔与演说》，而桑塔格对于"同时"二字的理解就集中体现于她对小说的空间性和时间性的理解。既然现实世界里的人因受时间和空间的限制而难以感受到自己世界之外的世界，小说就扩展了这种感受的可能性。桑塔格认为的小说模拟人的体验结构，给读者创造了一个可以超越时间和空间限制的世界，以让读者感受到世界缤纷的多样性。在桑塔格心中小说中的时间具有的丰富性是小说家想象力的结晶，它能让读者生活在自己世界中的同时也能窥探和自己命运毫不相关，甚至无法想象的世界，这些世界彼此不同却也都是丰富多维的世界。比如生活在和平富足社会中的读者可以通过小说领略生活在战火纷飞、食不果腹世界中人们的生活；同样，生活在饥寒交迫、民不聊生社会中的人们也可以通过阅读来了解不同于自己当下生活着的世界。文学在不经意中为读者打开了越来越多的窗户，让读者感受到这世界上也同时发生着自己想象力以外的事情。这种为读者的想象力创造的文学环境少不了道德的滋养，文学是对现实世界的另一种想象，而小说中的时间和空间是被小说家处理过的，它们富有生气，承载着叙述的负荷却也因为想象力的滋润而轻盈易变。它们不一定像现实生活中的时间一样整齐划一、紧密相连地为人类的刻量所用，小说中的它们仿佛有自己的生命、更易让读者察觉到它的存在。正是这样空间和时间的延展性帮助小说完成了它的道德责任。桑塔格对于小说时间性和空间性的惊鸿一瞥更能体现出她对文学和道德问题的洞察敏感和持久关注。

第三节　艺术与科学的碰撞：新感受力的诞生

工业社会以来，许多人觉得人们对艺术的感受能力不断退化。人们认为工业环境之下人们变得冷漠，标准化的机械和千篇一律的生活渐渐麻痹了人们的艺术感受能力，艺术甚至一改强调令人愉悦的快感审美，而不断用痛感刺激人的感受神经，以试图唤起人们对艺术的热情。更何况，“感受力没有句法——因而受到忽略”。[①] 感受力本身是没有章法和规律的，也不像科学实验是充满逻辑的。人们在试图表达和描述感受力的时候，文字往往显得苍白无力也不足以表达感官感觉。在这种情况下，感受力在科技日益发达的工业时代逐渐受到冷落，没有原来那么容易让人亢奋了。不仅如此，桑塔格还认为许多欧美知识分子对科技和工业对艺术的“入侵”所持非常悲观的看法。他们一边急于为艺术的功用辩护，对科技持排斥心理，力求保持艺术的纯洁性；一边预测在一个自动化的科学世界中，艺术终将丧失其功用，甚至预测创造性艺术也将消亡。他们惧怕新的花样，希望自动屏蔽它们来保持旧有的艺术世界的旧秩序。对此看法桑塔格持否定态度，她认为应该使艺术应有时代精神，应不断适应环境的变化。她觉得创造性行为不会消亡，其中最主要的原因是科技在进步，但艺术也不是静止的，更不应是静止的，艺术也在不断变化。创作者们不应为了艺术的功用而阻碍科技对艺术的影响，从而使艺术保持停滞不前的纯净状态。她觉得艺术的进步和科学技术的进步虽然发生得不一样，但也同样在发生着，尤其体现在以下两点。其一，

---

① 苏珊·桑塔格：《心为身役：苏珊·桑塔格日记与笔记，1964—1980》[M].姚君伟译，上海：上海译文出版社，2015，第22页。

为了欣赏艺术需要越来越多的专家。与科技一样，现当代艺术变得越来越高深玄妙（接受过一般教育的人似乎已经无法欣赏现代艺术了，只有具有特殊才能的专家才可以欣赏和评价现代艺术）。其二，欣赏艺术需要更多地了解其相关历史。现当代艺术再也不像古典艺术一样独立为体，它们多数情况下有更复杂的历史背景和创作厚度。这样一来，也对鉴赏者的欣赏水平提出了更高的要求、产生了更大的挑战。正是这些变化使得创造性的艺术行为可以永葆青春。

基于以上许多艺术的变化，桑塔格认为艺术应该对科技的影响持包容态度，她甚至认为两者的对立是不存在的："'两种文化'之间的冲突其实是一个幻觉，是发生深刻的、令人困惑的历史变化的时代产生的一个暂时现象。我们所目睹的，与其说是不同文化之间的一种冲突，不如说是某种新的（具有潜在一致性的）感受力的创造。"[①]桑塔格不认为科技与艺术互相"冲突"会是永久持续的状态，两种文化更不应是对立的。她将科技和艺术这两种文化的碰撞称为新感受力，并认为创造性的艺术并不会消亡，而只是艺术功能在发生变化。换言之，艺术在帮助人们形成一种新的感受力。这种新感受力给艺术注入了新鲜的血液，也给艺术创造了新的评价标准。不仅如此，她还认为："当代艺术的基本单元不是思想，而是对感觉的分析和对感觉的拓展（或者，即便是'思想'，也是关于感受力形式的思想）。"[②]艺术不是用来表达思想的，而是用来训练人的感觉能力的。工业社会中，许多原本可见的事物（轨道、有线通信等）变成了不可见的事物（无轨、无线通信等），由于越来越多的东西都感觉不到了，许多人就丧失了感知的自信

---

① 苏珊·桑塔格：《反对阐释》[M]. 程巍译，上海：上海译文出版社，2003，第343页。

② 苏珊·桑塔格：《反对阐释》[M]. 程巍译，上海：上海译文出版社，2003，第348页。

心,甚至觉得感知的麻木是人类退化和堕落的表现。此时,包含着新感受力的现代艺术起到了电击疗法的作用,它们用两种文化的碰撞和融合来唤醒人们的自信心,并帮助人们恢复他们感受世界的能力。在桑塔格的私人日记中,她曾把新感受力比喻作自己衣柜中每天早上等待着自己穿戴的衣服:“不放弃新感受力,尽管旧感受力静候一旁,就像每天早上我起床时柜子里的衣服那样。”①尽管旧有的、不含科技冲击的感受力还在那里,但从个人角度来说,桑塔格却十分乐于拥抱新感受力给她带来的新鲜感。再者,据桑塔格所说这种新感受力还消解了当代严肃艺术的反享乐主义精神、不那么学究气、不那么强调内容,而是更关心艺术作品的形式和风格,比以往任何时候更强调欣赏艺术给人带来的愉悦感和快感,以一种无比的包容性和接纳性来吸引更多的人加入新感受力的队伍。新感受力挑战了传统的科学和艺术之间的界限,也挑战了“高级文化”和“低级文化”之间的界限。曾几何时,“高级文化”由于其独一无二的创作个性而区别于易于复制、缺乏创意的“低级文化”。而现在,由于诸多科技手段的介入,使得严肃艺术也多采用大量复制和吸收大众艺术元素的手法来保持自己的生命力。科技改变了艺术,使得艺术的高级与低级已经不能再简单地用原有的标准进行区分。桑塔格认为“当今的艺术更接近于科学的精神,而不是传统意义上的艺术精神,它强调冷静,拒绝它所认为的那种多愁善感的东西,提倡精确的精神,具有‘探索’和‘问题’的意识。”②现当代许多音乐家在创作乐曲的时候会刻意给表演团队留出一段即兴表演的时间,有的画家也会在自己的画作中留白给其他人创作,这些做法在桑塔格看来都是新感受力的

---

① 苏珊·桑塔格:《心为身役:苏珊·桑塔格日记与笔记,1964—1980》[M].姚君伟译,上海:上海译文出版社,2015,第88页。

② 苏珊·桑塔格:《反对阐释》[M].程巍译,上海:上海译文出版社,2003,第344页。

成果，它不再要求艺术像以前一样必须表达什么，而是使艺术更贴近科学的观念更具有探索精神和问题意识，在严谨之中却不乏开放和自由。

在文学方面，桑塔格认为："新感受力的首要特征，是其典范之作不是文学作品，尤其不是小说。"[①]她之所以对文学的新感受力态度这么悲观原因是她觉得"文学过多的肩负着'内容'的重荷。"[②]批评家们过多地将衡量文学好坏的标准与文学是否能描写现实、是否能批判社会现象相关联，从而使文学丧失了其作为艺术主体的优势特征。正如她在最著名的那篇《反对阐释》中所表达过的，桑塔格并不否认文学有其"内容"的荷重，但一旦轻视形式，这种荷重就会成为重荷。她强调的正是文学中这种内容与形式的长期失衡导致了新感受力的典范之作很难在文学创作作品中产生。此外还需注意的是：桑塔格从不否认在文学作品的鉴赏过程中读者会得到智性的满足也会做出道德伦理方面的判断，但她认为这种满足和判断不应成为评判文学作品好坏的主要标准。正是这些当时主流的文学评判标准使得文学难以像音乐、建筑和绘画等艺术一样欣然地接受科学的影响，就更难成为新感受力的典范之作了。由此可见，桑塔格对文学特别是小说是抱着并不乐观的心态而审视的。她不仅觉得文学是所有艺术中最易受到过度阐释侵蚀的艺术，她还认为文学难以承担起新感受力典范的重任。这些消极心态一方面是基于 20 世纪 60 年代美国文学创作和文学评论中实际出现的问题而产生的，但另一方面这些消极看法也反映了桑塔格对于文学特别是小说这门艺术类别偏爱式的关注与思考。

---

① 苏珊·桑塔格：《反对阐释》[M]. 程巍译，上海：上海译文出版社，2003，第 345 页。

② 苏珊·桑塔格：《反对阐释》[M]. 程巍译，上海：上海译文出版社，2003，第 346 页。

第四节 对二元性的解构与反思

以上苏珊·桑塔格对三个艺术内部的问题思考会让读者反思二元性的适用性。从古希腊的柏拉图提出了二元性，到近代的尼采、笛卡尔、莱布尼兹和康德发展了二元性，再到索绪尔的结构主义语言学派又将二元性推向了学界的风口浪尖，毋庸置疑的是二元性是人类认知能力上的一次飞跃，它的确可以帮助人们认识问题和解决问题。但通过反思桑塔格对审美过程中对二元性的解构主义批判，也许能让人更多地对二元性在审美过程中自身的局限进行思考，让读者能认识到二元性也会蒙蔽审美者的双眼，将部分原本不存在的矛盾和对立人为的割裂开来。桑塔格在《重点所在》中对于审美立场中的二元性这个问题是这样表述的：

> “审美立场不仅认为深刻、潜在的概念是一种神秘化和谎言，而且还反对对比这一概念本身。当然，谈论深层和表层已经是歪曲了审美的世界观——因为重申形式与内容一类二元性正是它所明确否定的。这一立场的最重大声明是由尼采提出来的，他的作品建构起了对固定对偶（善与恶，对与错，真与假）的批判。”①

在桑塔格看来审美中出现的所谓的“概念”是一种蒙上神秘色彩的谎言；审美这一行为是反对深层和表层、形式和内容、对与错等类似二元性论述的，对美的感受和形容是不能简单地用二元性概

① 苏珊·桑塔格：《重点所在》[M]. 陶洁、黄灿然等译，上海：上海译文出版社，2011，第 95 页。

括的。反思二元性在审美立场中的有限性会让人们回归审美本身，并进一步思考究竟二元性是解决问题和分析问题的症结所在，还是人们为了解决问题，将问题简化为彼此对立的两个方面呢？桑塔格认为正是将内容与形式的对立才给过度阐释留下了空间；文学与道德从根本上就不是对立的，文学欣赏能使读者得到道德的熏陶，但文学不是为了宣扬某一种道德伦理而存在的；科学与艺术并不是水火不容的敌人，它们之间的相互融合和碰撞会激发出人们的新感受力。桑塔格对于以上几个问题的探讨就是在提醒人们二元性是产生于人脑中的方法论，而不是问题本来的样子，她的这一看法也许可以给读者提供更多新的思考空间。

通过对苏珊·桑塔格文论中内容与形式、文学与道德、科学与艺术之间关系的解构性辨析能让读者以小见大地理解隐藏在这些二元性背后桑塔格那些非常重要的美学思想，也能让读者更深刻地体会蕴含在这些美学思想下桑塔格对于文学，特别是对于小说的许多看法和思考，这些探索也许可以帮助读者离她的文学世界更近一步。

第三章 苏珊·桑塔格的文学观

苏珊·桑塔格较少明确地对某一文学问题进行专门的讨论，她的文学观点多数时候分散在她对其他作家或文学理论家的评论里。通过这些评论可以看出她在文学方面有非常鲜明的好恶，比如她欣赏本雅明土星式的忧郁，对卢卡奇的现实主义文学颇有微词。她的文学观是置于反对用二元性的方法论看待所有美学以及文学问题之上的。对桑塔格反对二元论普世性的了解将有助于看清她的一些重要的文学见解。桑塔格的文学洞察力是非常敏锐而精准的，她看出了艺术类别不断交替重组的走向，也感知到了文学内部文体边缘模糊化的趋势，但她仍然认为文学是无可替代的，是不会在时代的变更中衰落消亡的。她希望在过度阐释泛滥的当下，读者可以意识到语言的不可靠性，进而在注意到隐喻的消极影响的同时也可以感受到静默的力量。她许多零散的表达往往很具有启发性，本书的此部分会对桑塔格的文学观念进行细致地梳理。

第一节 边界的模糊化

苏珊·桑塔格认为过去的艺术是边界清晰的，艺术形式也井水不犯河水地呈各自独立的状态，绘画就是绘画，文学就是文学，音乐就是音乐。而现代艺术却将艺术重新定义，打破了传统艺术形式之间的界限。边界的模糊化在丰富了各门艺术的同时，也使艺术本身的概念更加多元化，也更具包容性。桑塔格给读者描述了这种艺术边界模糊化的变化趋势，并将其概括为“互补性”：

> “(从前)一幅画就是一幅画。一座雕塑就是一座雕塑。一首诗就是一首诗而不是一篇散文，等等。而互补性的观念是：一幅画可以是“文学的”或雕塑性的，一首诗可以是散文，戏剧可以效仿和并吞电影，电影可以是舞台化的。我们需要一个新的观念。它可能是一个非常简单的观念。我们能找到它吗？”①

桑塔格口中的“简单的观念”就是“互补性”，顾名思义，是艺术边界的模糊化。到底是什么原因促使了艺术边界的模糊化这一现象的形成呢？19 世纪两项技术的革新对艺术边界的模糊化产生了不小的影响：一个是照相技术的发明，再有就是电影业的繁荣。19 世纪 20 年代，照相术的发明对绘画产生了极大的冲击，因为和绘画相比，相片所呈现出来的世界更加真实。但从事这项艺术的艺术家们很快地适应了这种冲击。19 世纪之后，新古典主义、表现主义、立体派和未来主义等画派百花齐放。一幅画再也不单纯是一幅画了，相片分担了绘画的纪实功能，绘画扩展自己的其他艺术感知力来弥补自己缺失的功能。桑塔格认为正是照相术的发明刺激了绘画，使这项艺术有更多的可能性。无独有偶，19 世纪末电影的发明和 20 世纪至今电影业的繁荣对文学也产生了强大的冲击。原本只能在文学中展示的东西，现在电影也可以呈现

---

① 苏姗·桑塔格，邵牧君：电影和戏剧[J]. 世界电影，1988，03，第 106 页。

给观众了。许多电影是具有文学性的，它们中的许多是由经典文学作品或畅销文学作品改编的。相应的，文学也受到了电影的影响，原本像蒙太奇等只能用在电影中的艺术手法也被采纳进了文学形式之中。各种艺术形式相互影响、共同发展，使艺术再也无法回到从前那个边界清晰的时代了。

在艺术边界模糊化的同时，桑塔格认为在文学的内部边界也没有那么分明了。她在《重点所在》的开篇文论《诗人的散文》中描述过散文与诗歌界限渐渐模糊的这一现象。值得注意的是，桑塔格在文中对散文的意义做了界定。她指出："当随笔不再像它习惯上被称呼的那种随笔时，当长篇或短篇小说不再像它习惯上被称呼的长篇或短篇小说时，我们就把它们统统称为散文"。[①] 由此可见，桑塔格口中的散文是广义的散文，不再只是读者印象中的篇幅短小、表述零散的文学体裁，而是一种新型文学形式的统称。当新的体裁无法被原先的文学体裁所包容，她就把它们统称为散文。在文章的开篇，她将十九世纪的俄罗斯文学作为引子，说明那时的"诗人无可避免地被视为文学的贵族，散文作家则是中产阶级和平民"。[②] 这种将诗歌看做文学中最高雅的艺术体裁的想法不仅仅局限于俄罗斯的诗人们，而是遍布在世界的很多地方。桑塔格以托马斯·哈代终止小说的创作而专心写诗为例向读者说明：长久以来，有许多文学工作者将诗歌视为高级、自由、浪漫和与对抗社会紧密相连的文学体裁，而散文或"散文味"则是十足的贬义词，它们象征着平凡、被驯服和想象力的贫瘠。但随着时间的推移，人们不得不承认诗歌和散文的边界却渐渐地模糊了。到底是什么促使自恃清高的诗人们开始接纳散文这一平民

---

① 苏珊·桑塔格：《重点所在》[M]. 陶洁、黄灿然等译，上海：上海译文出版社，2011，第 11 页。

② 苏珊·桑塔格：《重点所在》[M]. 陶洁、黄灿然等译，上海：上海译文出版社，2011，第 6 页。

化的创作文体的呢？从桑塔格的讨论中，可以看出大体有两点原因。其一是诗人们逐渐投入散文创作的这项行为。许多如波德莱尔、柯勒律治、艾略特等伟大的诗人热衷于文学批评，并认为写这种与文学相关的评论类散文不会有损他们诗人的形象。这些诗人在进行文学评论的同时，难免把一些诗歌创作上的特点带给散文写作，这就让"散文愈来愈追求诗歌中某些密度、速度和词汇上的无可替代性"。[①] 这样一来，散文开始具备诗歌的部分特征。自然而然的，散文和诗歌会相互影响，一些原本严格的诗歌条律也渐渐被散文所打破。其二是"诗歌及其读者的边缘化"。[②] 大多数的现代诗歌之所以难读有一部分原因是因为古典诗歌的一些最基本的写作规则在现代诗歌中仍然适用，而这些古典诗歌的规则对于现代读者来说是相对滞后于时代的，也是相对陌生的，所以一部分现代读者会因为古典诗歌的规则在现代诗歌中适用而觉得现代诗歌不易读懂。其次，会读诗的人往往自己也会作诗，所以古典诗歌的作者和读者群体其实是相当重叠的一些人，而一旦进入到现代诗歌的时代，曾经那些整齐地和作者群相重叠的读者群体被打乱了，能读诗的人不一定都会作诗，它的读者群好像变得越来越专业化了，从而导致了现代诗歌的读者群越来越缩小。再者，古典诗歌的功用远比现在要丰富得多，祭祀、社交和劳动中都能看到诗歌的影子，但随着语言的发展和通俗文体的迅速兴起，散文相比诗歌更易受到平民的欢迎和接受。人们开始越来越回归语言的原始功用，更看重其信息传递功能，而忽略了对它的探索和重新定义。渐渐地，就算文学素养很好的专业人士也不再以写诗为自己的专业技能了，诗歌变得越来越小众。能创作和

---

① 苏珊·桑塔格：《重点所在》[M]. 陶洁、黄灿然等译，上海：上海译文出版社，2011，第10页。

② 苏珊·桑塔格：《重点所在》[M]. 陶洁、黄灿然等译，上海：上海译文出版社，2011，第8页。

欣赏诗歌的人越来越少,写富有诗歌特征的散文的作家却越来越多。这时,文学内部的界限也就越来越模糊了。桑塔格在1966年发表的《电影和戏剧》的最后描述了艺术边界模糊化的这一现象,也更进一步地做出了大胆的提问:人们能接受这种新的趋势吗?2016年的诺贝尔文学奖颁发给了"音乐诗人"鲍勃·迪伦,这个在国际上最权威的文学奖的授奖取向似乎对1966年的这位美国女作家所提出的这一问题给予了肯定的回应。

第二节 文学的不可替代性

虽然苏珊·桑塔格向读者描述了艺术边界模糊化的这一趋势,但她仍然觉得文学并没有因为边界的模糊而丧失生命力。纵观桑塔格的文学观,可以发现她认为文学这一艺术形式的无可替代性是有很多原因构成的,但深究其中的两点原因是尤为发人深省的。

桑塔格认为文学的不可替代性特别在于它面对其他艺术形式的冲击时,并没有对外部环境的改变视而不见、闭门造车,而是一直处在自我调整和重新定义的状态之中。比如,从20世纪至今,文学不断受到电影的冲击,许多本来只能写在小说中的东西,可以被电影代替了。在渲染氛围、塑造人物和还原画面细节等方面,电影似乎比文学更能抓住人心。但相比之下,文学仍有它的无可替代之处。在《从小说到电影》中,桑塔格将一部文学作品和由它改编而成的电影作比较,并表示:"似乎电影的本质——不论其质量好坏——就是把优秀的原著小说删节、冲淡、简化"。[①] 文

① 苏珊·桑塔格:《重点所在》[M].陶洁、黄灿然等译,上海:上海译文出版社,2011,第142页。

学越来越多地被搬上大荧幕，它们的受欢迎程度一直居高不下，其改编后的艺术高度却无法与原作相匹及。冒然将一部文学作品和一部电影相对比，固然会牵扯到两种艺术形式之间的比较。这样的比较难免会太过抽象和概括，但像桑塔格这样将一部文学原著和它的改编电影相比较，两者的可比性就大大提高了。她认为多数改编的电影都将文学作品的风格冲淡了，长度压缩了，文学作品的味道仿佛也变了。“小说属于一种叙事性艺术，在时间和空间上同电影一样可以自由转换，作为情节、人物和对话的来源更为合适”，[①]桑塔格认为文学的叙事技巧不输于电影，但文学对细节的刻画能力和给欣赏者留下的想象能力却优于电影。文学打开了它的边界，好让更多人在背叛它之后再重新怀念它的美好。这种边界的开放也许是被迫的，但若从另一个角度看文学又是自信的、充满活力的。不仅如此，20 世纪现代文学的几次革新就是在种种冲击的催化下自身内部多次调整的结果。普鲁斯特的文学世界将回忆呈现给读者，乔伊斯和伍尔夫的意识流小说关注于人的心理活动，马尔克斯的魔幻现实主义文学将神话与现实水乳交融。这些文学作品开放了文学的边界，让文学呈现出更多的可能性。这些调整使得文学在保持了自己独特性的基础上更富有包容性，并具有无可替代的价值。

桑塔格认为文学的独特之处还体现在其与现实的距离上。她在《重点所在》中多次表示，文学的魅力常常存在于它的虚构之中，这种虚构不在于它的内容，它的内容很可能是具有真实效果的，这种虚构在于“它动用或发展各种叙事技巧（包括虚假或伪造的文件）制造了文学理论家所谓‘真实的效果’”[②]。桑塔格高度赞

① 苏珊·桑塔格：《重点所在》[M]. 陶洁、黄灿然等译，上海：上海译文出版社，2011，第 141 页。

② 苏珊·桑塔格：《重点所在》[M]. 陶洁、黄灿然等译，上海：上海译文出版社，2011，第 52 页。

扬了这种“真实的”虚构性，它不光依赖于作品的内容，而更取决于作者的写作技法。正是这些写作技法能使虚构的作品带给读者的真实感受，使读者以为自己身处现实世界而其实已被作家带入了自己创作的领地。这种文学与现实的距离还体现在它能抗拒历史的规范性：“每个时代都有自己独特的记忆，随着时间的流逝，记忆会不断的模糊，并被赋予规范性”。[①] 这种规范性容易让人产生单一的、绝对的记忆，而在桑塔格看来，文学的独特之处在于它能够帮读者找回时代的记忆，并赋予这些记忆鲜活的生命，让它们不再被现实社会中政治和历史的一家之谈所束缚。中国文学中有个很好的例子可以解释桑塔格的这一观点。众所周知，《三国志》是陈寿编著的三国时期的国别史史书，而《三国志通俗演义》（俗称《三国演义》）是罗贯中撰写的三国时期的章回体历史演义小说。《三国志》固然是正统的史书，但也必然充斥着一些统治阶级的书写意志。而相比《三国志》，《三国演义》却更加脍炙人口，是真正扎根于百姓心中的三国故事。它甚至对抗了一言堂式的史书，而赋予那段历史以更加跌宕起伏的灵魂和更加鲜活动魄的生命。作为中国四大名著之一的经典著作，《三国演义》让百姓领略到了文学经久不衰的魅力所在。由此可见，正像桑塔格所说的文学的独特性之一就在于它在一定程度上能运用叙述和虚构的技巧挑战历史意识形态的权威性，加深或者反对我们对生活或命运的一般理解，赠与读者不一样的记忆。乔治·奥威尔的小说《1984》里最有名的一句话是：“谁控制了过去，谁就控制未来；谁控制现在，谁就控制过去。”[②]如果从这个角度看，不管文学有意无意，它也是与“政治正确”相抗衡的一股力量，是让读者觉得想象

---

① 苏珊·桑塔格：《重点所在》[M]. 陶洁、黄灿然等译，上海：上海译文出版社，2011，第 67 页。

② 乔治·奥威尔：《1984》[M]. 董乐山译，沈阳：辽宁教育出版社，1998，第 32 页。

力可以不受束缚的希望。文学的独特性和不可替代性固然不止于此，但桑塔格却用其敏锐的思维和独特的见解帮助文学爱好者重拾信心，让他们注意到在艺术边界不断模糊化的当下，文学仍然能保持其独立的特征，有其无法被其他艺术形式所替代的优越性。

晚年的桑塔格还提出过“超小说”的概念。在她看来，“超小说”是取代了小说的一种新的文学类型。尽管在现在看来这是一个有些过于先锋和理想化的想法，但基于未来的不确定性和桑塔格一直以来种种预测的较高实现率她对“超小说”的畅想也许也有它独特的价值。首先，桑塔格觉得“超小说”将借助于电脑等高科技手段让读者从字里行间中解放出来而获得真正的自由。它可能像迷宫一样有多个入口可以让读者以体验和参与的方式来欣赏它。这就是说，读者再也不用根据作家所规定的线性故事来进行阅读了，而是从文字中摆脱束缚，自己去找通往迷宫出口的方向。其次，虽然桑塔格承认读者在阅读过程中最关心的是故事的走向，但她更觉得“超小说”会让读者从情节中挣脱出来，在“阅读文本的任何时刻通过重新安排一组组文本来选择故事的不同延续或结果。”①这种阅读体验是追求终极现实主义的体现，因为这样的做法在她看来是在模仿现实的规律：生活中一点点小小的变化也会产生蝴蝶效应而让结局大不相同。但她强调未来的“超小说”不可能没有故事，也不可能由读者来创作故事。她觉得一旦小说失去了故事就失去了它的生命力，也就自然地失去了它的读者，会形成恶性循环。再有，桑塔格认为“超小说”是非常民主的一个概念。它不再受制于外界（比如政治）的统一的标准和“权威”的评价，而更屈从于作家的内心，给他们更多的自由写自己所

① 苏珊·桑塔格：《同时》[M]. 黄灿然译，上海：上海译文出版社，2009，第226页。

想、述自己所愿。桑塔格认为欧美许多学术圈内人之所以经常鼓吹文学会消亡的主要原因是源于它们背后的政治力量，它们惧怕书籍，因为相比于影像，文字是不易被操控的，他们时刻渴望像管辖和控制电视节目的播出一样来控制文字的创作。

桑塔格的这些大胆的设想也许在将来不能完全实现，也甚至有可能完全不能够实现，但它们却体现出了一位文学创作者和评论者对于文学这一艺术门类强烈的忧患意识以及对小说这项艺术无尽的关注与思考。它们显现出了桑塔格对于欧美意识形态对文学和书籍不可控制而产生的焦躁情绪的一种嘲讽。

第三节　快乐的命运

苏珊·桑塔格注重文学给读者带来的快乐感受，她在少年时期就认识到了文学所具备的天然的快乐属性。在读到莱昂内尔·特里林的文论《快乐的命运》，她大为震惊，她为世界上还有另一位伟大的文学评论家和她在思索着相同的问题而兴奋不已。在 1981 年接受采访的时候，当记者问她哪位文学评论家对她有很大影响时，她回答说：

> “莱昂内尔·特里林对我影响就很大。特别是《快乐的命运》，那可是我生活中的一件大事。我第一次读的时候，不敢相信我在读的东西，文章关注了很多令我担忧的问题。即使并不赞同他处理这些问题的方式，但我感觉有人在讨论这件重要的事情了。”①

---

①　苏珊·桑塔格：《苏珊·桑塔格谈话录》[M]. 利兰·波格编，姚君伟译，南京：译林出版社，2015，第 110 页。

特里林的这篇《快乐的命运》到底是怎样阐述快乐这一问题的?桑塔格的这件“生活中的大事”究竟对她产生了怎样的影响呢?

《快乐的命运》是特里林发表于1963年的一篇文章。在该文章中,特里林论述了快乐的观念在文学和人类文化中越来越被认为是威胁人类尊严的文化元素的这一现象。在文章的开篇,他希望读者能注意到华兹华斯《抒情歌谣》序言中“快乐”一词频繁出现的信号,并认为华兹华斯之所以在序言中反复提及“快乐”一词的主要原因是他认为人们应该崇尚诗歌的一个最重要的理由是诗歌可以给人们带来的快乐感受。华兹华斯笔下的快乐是一种人的最原始、最纯粹、最接近超验的状态,它并非作为文学本身的乐趣或品味而存在,而是“作为一种(人的)本能的对象存在着”。[①]正是这样“宏大而根本的快乐原则构成了人类本原而毫无掩饰的尊严,而人类正是根据这一原则才能认知、生活、呼吸、运动。”[②]尽管快乐事关人的生存和尊严,尽管许多诗人也高度评价有关于快乐的理念,但华兹华斯却认为诗人们在作品中所能表现的真实的快乐却是有限的。特别是随着大革命时代的到来,人们越来越将快乐视作尊严的象征、视为对奢侈的追求。相应的,人们奢侈的需求也在不断增长。特里林认为济慈的作品就是将快乐发挥至极致的经典文学。与华兹华斯不同,快乐对于济慈而言更多的是一种幻想,正因为快乐常常被冰冷的现实和负面的感受所包围,所以快乐才因转瞬即逝而显得弥足珍贵,这样珍贵的快乐还往往只存在于人们的幻想之中。济慈以《拉弥亚》说明情欲是所有快乐最高形式的表现,而需求情欲满足的快乐欲望常常导致快乐的负面效果,甚至会带来毁灭性的结局。济慈早期的诗歌往往能让

---

① 莱昂内尔·特里林:《知性乃道德职责》[M]. 严志军,张沫译,南京:译林出版社,2011,第430页。

② 莱昂内尔·特里林:《知性乃道德职责》[M]. 严志军,张沫译,南京:译林出版社,2011,第432页。

读者感受到感官感受的满足，而中后期的诗歌虽然仍然顾及快乐，更多地却是极为收敛的快乐，是具有严肃特征的快乐。从华兹华斯的全面肯定快乐，到济慈的“真诚的怀疑”快乐，特里林认为人们对于快乐的追求开始渐渐变味了。这样对快乐态度的转变不仅体现在个别作家的文学作品中，也体现在群体性的认知之中。从十八世纪开始，人们更多地开始关注崇高的概念，而不再单纯地谈论优美或者美的概念就是群体性影响感知转向最为明显的例子。而到了陀思妥耶夫斯基的《地下室手记》快乐已经开始变成了应该被拒绝的人类感受。《地下室手记》中悲惨的小职员憎恨一切美好的事物和快乐的感觉，他不愿成为快乐的傀儡，将快乐看作是对他的束缚，而穷极一生地试图挣脱快乐给他带来的羞耻感。特里林发觉越来越多的精神生活的承诺虽然是以提供快乐作为前提的，而在实际兑现承诺的过程中，特别是在面对现代人的想象力的时候，这些快乐的承诺却变得很难达成。面对越来越多的快乐的缺席，特里林认为几种方式能缓解这种消极的情形。其一，用左派文学的特质可以在发挥其较为“健康”的效用：“道德的健康状态、清教主义思想、仁慈的胸怀——所有这些在左派立场上生发出来的品德——都可以发挥一定的疗效，去纠正现代作家所具有的反常而病态的理想主义。”[①]其二，注重不快乐因素的量的变化。特里林认为无论选择不快乐因素的行为有多私人和多个例，当它们在量上有所聚集的时候势必会直指社会，曾经属于少部分人的体验模式会积少成多地变成多数人的理想的体验模式。其三，重新审视弗洛伊德提出的贬低快乐的原则，即超越快乐的原则。弗洛伊德认为不快乐之所以也是人的本能的一个重要原因是“所有生命的目标都是死亡”，而特里林却强

---

① 莱昂内尔·特里林：《知性乃道德职责》[M]. 严志军，张沫译，南京：译林出版社，2011，第 447 页。

调在超越快乐的原则之下人们还应该注意弗洛伊德的另外一项论点，即生命体始终希望以自己的方式实现死亡。也就是说，虽然生命体的最终目标都是殊途同归地奔向死亡，却不应忽略他们在奔向死亡的过程中渴望快乐和自主选择的本能心灵体验。

对于苏珊·桑塔格一直以来十分欣赏的罗兰·巴特来说，重视人的本能的快乐体验也是艺术作品中必不可少的本质性特征。他的《文之悦》中多元化的策略也是倡导享乐主义美学观的基本特质。巴特曾不无夸张地开玩笑道，只要谁一提及快乐，就会有两位警察扑出来，一位是政治警察，另一位是精神分析警察。他们扑出来的原因大抵是这个社会多认为快乐是无用的，是虚无的，更是有罪的。巴特意识到：

> "享乐主义几乎受到每一种哲学的压制；我们发现只有边缘性的人物，萨德、傅里叶，为之辩护；依尼采之见，享乐主义是一种厌世主义。时时遭致摧折，缩减，吹蚀，以利于牢固而崇高的价值：真题、死亡、进步、斗争、大幸福，等等。"①

确如巴特所说，萨德和傅里叶所奉行的享乐主义观点长久以来都是受到学界的轻视的。巴特将萨德的文章称为"一种深思熟虑的'非现实主义'"。② 在他看来，萨德在描绘情色世界时所用的语言是极富有力量的，因为萨德描写的许多场景和人物都是不可能存在于这个世界上，也就是说话语的所指没有可能转化为真实世界中的可能性，所以所指完全被作者萨德所支配，正是这股语言的力量锻造了文学世界中虚拟的想象力的城邦。而傅里叶赤

---

① 罗兰·巴特：《文之悦》[M]. 屠友祥译，上海：上海人民出版社，2009，第72页。

② 罗兰·巴特：《萨德傅里叶罗犹拉》[M]. 李幼蒸译，北京：中国人民大学出版社，2011，第22页。

裸裸地称赞金钱，他觉得正是富人的有钱的生活方式向全社会提供了幸福的范式。他的这种观点可以说是惊世骇俗的，因为这完全与谴责金钱罪恶和资本主义快乐模式的许多哲学家们的观点截然相反。正是这些奉行享乐主义的哲学家在学界所受到的轻视让巴特深刻地意识到了抬高崇高价值的深入人心和享乐主义时时刻刻所受到的压制，所以他非常清楚《文之悦》的书写和发表亦将会是对传统文学观念的再一次颠覆和挑战。巴特所说的“悦”无关智性，而更多的指由色情引导出的迷醉的身体。这里的身体不是医学实验的对象，更不是语言学家研究的现象文本，而是对于任何人来说都非常陌生的自我。当谈论他者时，自我并不能真正了解他者，这个永远无法了解的他者就是无意识。在对文的问题的讨论中，巴特不再像以往那样探求作品的结构和代码，而是将文看做是由字词编织出来的悦的对象。文之乐来源于身体与文本之间的交互作用：文本的愉悦不来自于人的智性，而在于人的身体在体验着文的乐趣。

而事实上，快乐的感受也是审美活动最基本的个体感受。虽然康德在《批判力判断》的开头部分强调的是审美的非功利性特性，但康德却认为美应该是愉悦的：“鉴赏是通过不带任何兴趣的愉悦或者不悦而对一个对象或者一个表象方式作评判的能力。这样一种愉悦的对象就叫做美的。”[①]虽然生活在18世纪的康德的论断在今天这个年代是否适用还有待商榷，但从康德的这段话中人们仍可以看到曾几一时认为愉悦是审美活动的感受是人们的普遍认知。而随着基督教的普及和信教人数的增加，受难逐渐被大众认为是一种精神时尚。未受基督教影响的古希伯来人、古希腊人和东方人对苦难积极影响的认同度远不如基督教产生之

---

①　康德：《判断力批评》[M]. 李秋零译，北京：中国人民大学出版社，2010，第40页。

后对信教地区的影响。不仅如此，随着工业时代的发展，科学越来越将世界简化成为符合规律和研究样子，人们的感受力慢慢变得麻痹和迟钝了，严肃艺术也随之大规模地进入人们的生活。面对人们日渐麻木的感受力，这些现代严肃艺术不惜以痛感取代愉悦来为欣赏者提供电击疗法式的服务，试图以此来激活欣赏者的感受力。如果说传统艺术将快感纳入到艺术体验之中，那么现代的严肃艺术则越来越排斥快感，并将这种快感以痛苦的形式呈现给欣赏者。这样的例子不胜枚举，“新的严肃音乐刺痛人们耳朵，新绘画也不娱人耳目，新电影和少数令人感兴趣的新散体文学作品则难以看下去。”①这些艺术将欣赏者置于远离愉悦的处境，使他们习惯这种乏味或痛苦的感觉，而甚至使人们一度忘记了艺术是本应给他们生活带来愉悦的。在所有艺术种类中，文学面临的这种远离愉悦的处境尤其窘迫。桑塔格这样描述这一情形：

> “在各类艺术家中，作家，即使用文字的人，是我们所期待的那种最能表达他的苦难的人。作家是受难者的典范，是因为他既发现了最深处的苦难，又有使他的苦难升华（就实际意义上而非弗洛伊德意义上的升华而言）的职业性途径。作为一个人，他受难；作为一个作家，他把苦难转化成了艺术。作家是发现受难在艺术经济中的用处的人——正如圣徒们发现受难在救赎经济中的有用性和必要性。”②

这就意味着文学是承载着这种苦难的主要艺术载体，这种苦难来自于读者的期待，也来自于写作这种艺术本身的属性。而随着科

---

① 苏珊·桑塔格：《反对阐释》[M]. 程巍译，上海：上海译文出版社，2003，第351页。

② 苏珊·桑塔格：《反对阐释》[M]. 程巍译，上海：上海译文出版社，2003，第48—49页。

技和艺术不断融合，也就是桑塔格笔下的新感受力时代的到来，人们逐渐重新认识到愉悦感受的重要性。鉴赏纵然可以给欣赏者带来愉悦或非愉悦的感受，但美应该更多地给人带来愉悦的感受。桑塔格笔下的新感受力时代的到来是艺术与科技不断融合的结果。科技越不断发展，人工智能越不断普及，就越凸显出人类感觉的重要性，人类所就越需要艺术的创造性帮人找回感官原本所向往的愉悦。

> “艺术的目的终究总是提供快感——尽管我们的感受力要花一些时间才能赶得上艺术在某个既定的时间提供的那种快感的形式。同样，人们也可以说，现代感受力抵消了当代严肃艺术的表面的反享乐主义，比以前任何时候都更深地设计通常意义上的那种快感。”①

从这个意义上来说，正是艺术与科技融合所产生的新感受力将享乐主义又拉回了时代的舞台，人们也比任何时候都更需要艺术所提供的快感。

第四节　阐释、静默与隐喻

无论是苏珊·桑塔格的成名作《反对阐释》还是之后收录于《激进意志的样式》中的开篇文论《静默之美学》都透露着她对于语言的局限性的思考。从西方的苏格拉底到东方的孔子，甚至佛教中的释迦牟尼都从来没有自己动手将自己的言语记录下来。

---

① 苏珊·桑塔格：《反对阐释》[M]. 程巍译，上海：上海译文出版社，2003，第351页。

他们都是通过弟子回忆、整理并再现他们的观点,并将这些言语集结成书,慢慢地才流传到后人手中。从东方到西方,这些大师放弃自己记录言语的行为细究起来不完全都是巧合,而在很大程度上源于他们对书写文字的不信任,即认为“真理只能齐聚在内在言说即直觉和灵魂的回忆中,而不能栖居在文字这种不可靠的摹写中。”①桑塔格则更进一步,不仅认为书面语言不可信,还觉得世界上的事物被言说后就不再真实了。事物一旦被言说了,那么“说出的一切都不是真实的。”②她决绝地认为语言即使没有生成文字,即使所要表达的意思是真实的,只要事物被言说了它就不再真实。虽然无法完整地传达意识,但从语言学的角度来看,它仍可以激发行为也可以激发更多的言语。而当更多的语言元素被激发出来,静默的重要性就凸显了出来,桑塔格认为:“没有静默与之相对,整个语言系统都将崩溃。”③正是因为艺术中充斥着不可信的嘈杂的语言,静默才弥足珍贵。这种对书面语言的不信任在现代文学艺术中的表现并非体现在文字的简约,而是恰恰相反,书面文学“将语言变得更松散、更直观,疏于组织和变化,非线性(用麦克卢汉的术语来说),而且——明显的——更加冗长。”④这些反逻辑性、去个人化的写作方式给读者留下的阐释空间越来越小。写作就好比一个房间,作家的语言是放置在这个房间中的家具。现代作家喜欢放置多的家具,这就好比家具越多,住户的活动空间就越小,读者自己的解读空间也就越小。这些现代作家们对于与读者的交流持着犹豫不决的态度,而桑塔格认为静默就

---

① 张隆溪:《道与逻各斯》[M]. 南京:江苏教育出版社,2006,第26页。

② 苏珊·桑塔格:《激进意志的样式》[M]. 何宁、周丽华、王磊译,上海:上海译文出版社,2007,第21页。

③ 苏珊·桑塔格:《激进意志的样式》[M]. 何宁、周丽华、王磊译,上海:上海译文出版社,2007,第21页。

④ 苏珊·桑塔格:《激进意志的样式》[M]. 何宁、周丽华、王磊译,上海:上海译文出版社,2007,第30页。

是避免与读者相接触状态的极致表现。借由静默，作家可以将自己的作品从现实社会中形形色色读者的阐释和解读中暂时解放出来。随着更新颖或更晦涩的艺术作品的出现，这种将作品与读者相隔离的状态将被刷新，但这并不妨碍现代艺术家们欲将观众剔除出局的冲动。而另一种对书面语言的不信任行为表现在作家觉得书面作品中应加入大量的第一人称口头语言。就如同维特根斯坦在《逻辑哲学论》中做出的一个非常有名的论述，即："所有能说的事情都能说清楚。但不是所有能思考的事情都可以说。"①作家在书面语言中添加了越来越多口头语言，也就是"能说的事情"。但桑塔格对口头语言究竟能在多大程度上拯救书面文字的信任危机持保留态度。

按照桑塔格的说法，静默还可以帮助语言减少它的历史感和作家写作时的历史负担。虽然语言是非常重要的人类活动，它是人类思维世界的传播媒介，它能够帮助人们打破思维的局限，共享信息、超越前人，但它同时"又是艺术创造的所有材料中最不纯净、污染最厉害、消耗最严重的。"②在语言被堆砌得越来越厉害的今天，它已然变成了创作者们的历史负担。宇文所安曾经也《追忆》中也提到过这个问题，他认为文学创作者常常处在一种"后之视今，亦犹今之视昔"的期待与恐惧中，他们一边期望可以像前人一样凭借自己的文学作品而流芳百世，一边又受困于前人的成就："任何强烈的期望都有相应的恐惧伴随出现。惧怕湮没和销蚀的心理，须臾不离地给永恒地'写下自我'的期望罩上了阴

① 苏珊·桑塔格：《激进意志的样式》[M]. 何宁、周丽华、王磊译，上海：上海译文出版社，2007，第 20 页。

② 苏珊·桑塔格：《激进意志的样式》[M]. 何宁、周丽华、王磊译，上海：上海译文出版社，2007，第 16 页。

影。”[①]语言堆砌的成果难免会让作家在创作过程中联想到前人所取得的成果，从而不断地调适自己的作品，并将自己的作品和前人的作品进行比照，以此来检视自己的创作。语言看似是在帮助艺术家完成超越的任务，实际上却是在逼迫艺术家们与时间赛跑，让超越变得越来越难。虽然静默不可能贯穿整个艺术作品的体验过程，不可能存在绝对静默的艺术作品，也甚至可能因为静默存在的时间太短暂而被欣赏者忽视，但这并不妨碍作家们希望借助非历史性的静默来完成他们艺术上的创作。桑塔格认为“‘静默的’艺术提供了创造这种幻想的、非历史性状况的方式。”[②]它虽然神秘也可能让人对于绝对的静默永远都无法企及，却可以帮助艺术家们缓和叠加的创作历史给他们带来的焦灼感，让艺术家可以在自己主宰的时空中专心地进行创作。

桑塔格在此处引用了济慈的《希腊古瓮颂》中的一个文学意向来试图更好地解释了静默的力量。她认为正因为古瓮是“‘沉默’和‘漫长’的时间领养的少女”[③]，正因为“听见的旋律是悦耳，听不见的旋律更悦耳，”[④]才使得旋律得以永恒地流传，古瓮才可以被永久地欣赏。的确，“古瓮的沉默得到了强调——它是‘寂静的处子’，它‘受了沉默的抚育’，但是古瓮也是‘史学家’。”[⑤]它的“史学家”身份在于它通过身上的花纹在向观赏者展示着历史上

---

① 宇文所安：《追忆：中国古典文学中的往事再现》[M]. 郑学勤译，北京：生活·读书·新知三联书店，2004，第1页。

② 苏珊·桑塔格：《激进意志的样式》[M]. 何宁、周丽华、王磊译，上海：上海译文出版社，2007，第17页。

③ 约翰·济慈：《济慈诗选》[M]. 屠岸译，北京：中国人民出版社，1997，第16页。

④ 约翰·济慈：《济慈诗选》[M]. 屠岸译，北京：中国人民出版社，1997，第16页。

⑤ 克林斯·布鲁克斯：《精致的翁》[M]. 郭已瑶等译，北京：人民文学出版社，2008，第148页。

发生过的故事，但正是由于它沉静的特点才使得它能超越了历史也超越人类的寿命而作为一件“美”的事物而流芳百世。济慈在临近结尾处写道：“你呵，缄口的形体！你冷嘲如‘永恒’，教我们超脱思虑。”[①]古瓮面对人们的质疑和嘲讽三缄其口，它作为“‘沉默’的时间”的养女，也继承了时间的静默的特点。“因为时间或历史是明白、确定的思想的介质，所以永恒的静默产生出一种超越思想的思想。”[②]换言之，正是这份静默让古瓮超越了思想而接近了永恒。

在文学批评中有一种不大积极的艺术观，那就是认为艺术是“不言而喻”的，是无法用言语描述的。桑塔格认为说艺术是“不言而喻”或“不可言喻”的首先是不符合历史实情的。从历史角度看，“不言而喻”多存在于宗教或带有神秘主义色彩的哲学，而并没有普遍存在于现代艺术之中。虽然现代艺术在形式上特立独行、寻求突破的艺术表达容易给观众营造一种神秘的氛围，让欣赏者产生一种描述的力不从心感，但是“承认这些不可言喻的特征不应该以牺牲对艺术作品积极性的认识为代价。”[③]换言之，“不言而喻”极为消极地全然否定了欣赏者们在历史上对艺术作品进行积极认知所作出的努力和得到的成果。以文学为例，在漫长的文学批评史中，各个时代都涌现出了极为经典的文学批评著作。正是这些文学批评为原著吸引了更广泛的读者，也在不同历史时期赋予了文学作品更鲜活的生命。现代文学中的“不言而喻”只是“‘绝对性’神话”给读者带来的无力感的放大。不能因为这种

① 约翰·济慈：《济慈诗选》[M]. 屠岸译，北京：中国人民出版社，1997，第18页。

② 苏珊·桑塔格：《激进意志的样式》[M]. 何宁、周丽华、王磊译，上海：上海译文出版社，2007，第19页。

③ 苏珊·桑塔格：《激进意志的样式》[M]. 何宁、周丽华、王磊译，上海：上海译文出版社，2007，第34页。

力不从心的感觉而放弃对艺术品本身的探索。其次，"不言而喻"的"喻"的意思是意义的表达，而桑塔格认为艺术压根就不是为了表达意义或表达思想而存在的。她在此处否定了瓦莱里的著名论断，即相比散文，阅读诗歌从本质上来说是一种不可言喻的体验。瓦莱里认为散文的写作目的在于观点的交流，而诗歌则多用语言来实现艺术的超越，来表达艺术的终极沉默。从《反对阐释》开始，桑塔格就多次明确地表示过艺术不是为了意义而存在的，它本身就有独立的欣赏价值。人们常常以文学作品的思想性来评判其价值，文学的思想价值固然重要，但它不是评判文学作品好坏的唯一或最主要的标准。如果偏要以作品思想性的多少来评价文学，那么文学存在的意义与哲学又有何区别呢？在《静默之美学》的开篇桑塔格重申了这一观点后又更进一步地分析了"文学是人类思想的表达"类似观点的变异思想。她认为现代艺术开始于人们用"艺术"这个词来统概绘画、音乐、文学等艺术分支。从此以后，艺术家的行为渐渐变得绝对化，艺术领域随之产生了两个神话。第一个神话将艺术看作是人类思想的表达。其二个神话否认了艺术仅仅是一种思想的表达，而将艺术和人类心灵的自我疏远需求或是自我疏远能力相联系，认为艺术是思想的一部分。随着第二个神话的出现，第一个神话很快就被取而代之。艺术不再是思想的表达，这虽然在一定程度上突显了其自身的独立性，却将艺术看做"从思想内部发展而来的思想的解毒剂。"[①]将艺术看做思想的一部分，这样的想法在桑塔格看来更具有破坏性。这第二个神话来自于后心理学对意识或思想的研究和神秘主义者的宗教之中，神学就成为了言语的缺席，甚至诸神的缺席，它从本质上来说是对宗教的消解。当艺术被看作是思想

① 苏珊·桑塔格：《激进意志的样式》[M]. 何宁、周丽华、王磊译，上海：上海译文出版社，2007，第6页。

的一部分时，艺术应该表现出的“精神”和它本身所具有的“物质”特性会发生冲突。当这种后心理分析影响到人们对艺术的判断时，艺术也将会对自己进行消解，趋近于反艺术，从而使“艺术成为艺术家的敌人，因为它不让后者实现其渴求的目标——超越。”①正是因为这两个关于艺术的神话使得“不言而喻”成为了对静默的曲解。语言虽然无可避免的有其不可靠性，但艺术却是可以被讨论和言说的，问题在于应该以怎样的方式对其进行讨论和言说。

究竟应该如何减少语言的不可靠性呢？桑塔格给出了两个建议：关注隐喻的净化和静默美学的产物——直白（literalness），以此来减少语言的冗赘给人们带来的困扰。熟悉桑塔格的读者都知道“隐喻”在她整个的学术评论生涯中是个不可小觑的关键词。不论是从《反对阐释》中对过度阐释的反对，《论风格》中对惠特曼风格观点隐喻性表达的批判，还是在她赫赫有名的《疾病的隐喻》中对癌症和艾滋病抽丝剥茧般的论述都能看出桑塔格对于隐喻这一写作和思考方式本身所持的怀疑态度。这首先和桑塔格的个人阅读品位有关，她曾在接受记者采访时这样表示：“在现代派、先锋派、实验派或者其他我心目中的优秀作品中，很多让我感兴趣的东西都可以归结为一种隐喻的净化。”②而桑塔格自己在写作过程中也尽量减少隐喻的使用：“还是那句话，一个概念是什么就是什么，不是别的东西。我有时候也使用意向，但我对它有一种抵触。我倾向于一种白描的写法。”③在这种文学趣味的个人

① 苏珊·桑塔格：《激进意志的样式》[M]. 何宁、周丽华、王磊译，上海：上海译文出版社，2007，第 6 页。

② 乔纳森·科特：《苏珊·桑塔格访谈录》[M]. 唐奇译，北京：中国人民大学出版社，2014，第 84 页。

③ 乔纳森·科特：《苏珊·桑塔格访谈录》[M]. 唐奇译，北京：中国人民大学出版社，2014，第 116—117 页。

选择之下也渗透者她对隐喻和语言深深的思考：

> “当我完成《疾病的隐喻》时，我忽然意识到在这本书中我又回归了《反对阐释》的主题，因为在某种意义上它就是在说：不要阐释疾病。不要用一件事物来解释另一件事物。而是不要说 x 的真正意义是 y。不要摒弃事物自身固有的东西，因为那些东西的确存在。”①

人类的艺术世界已经被阐释体系所侵蚀的几近体无完肤了。当人们看到一件艺术品时，往往首先想到的不是这件事物本身，而是它的象征解释。隐喻在这一过程中起到了消极的、推波助澜的作用：

> “没有隐喻，一个人就不可能进行思考。但这并不意味着不存在一些我们宁可避而不用或者试图废置的隐喻。这就像所有的思考当然都是阐释。但这并不意味着反对‘阐释’就一定不正确。”②

长久以来，隐喻都是文学创作和文学批评中的一个重要概念，对于现代诗歌和小说来说一个非常重要的特征就是充分地运用隐喻。有许多哲学家和文学家都非常推崇隐喻给文学带来的诗意效果。他们担心脱离了隐喻的作品会缺少生动性而变得过于抽象化，所以倾向于用隐喻来拉近文本和读者的距离。虽然隐喻作

---

① 乔纳森·科特：《苏珊·桑塔格访谈录》[M]. 唐奇译，北京：中国人民大学出版社，2014，第 32 页。

② 苏珊·桑塔格：《疾病的隐喻》[M]. 程巍译，上海：上海译文出版社，2014，第 83 页。

为丰富文本语境的有效途径便越来越多地存在于现代文学之中，但其实桑塔格反对的不只是用一件事物来解释另一事物的这一行为，而更多地希望人们注意到隐喻带来的消极后果，希望人们能注意到隐喻容易使读者关注的焦点都在意义的交换和意境的优美上而使原本清晰的事物渐渐虚焦，使人们看不清楚问题本身的样子。更何况，隐喻除了是诗学研究中的一个重要议题之外，它也是人类的一种思维方式。毕竟从语言学的角度来讲，语言的表达在很大程度上是会影响人的思想习惯的，桑塔格认为当隐喻作为一种思维方式存在的时候，它容易使语言和思考到达一个极限后便停滞不前。虽然世界上没有任何两种事物的某些方面是完全一样的，但隐喻完全有其合理存在的理由，它存在的意图是让被比拟的事物更加生动、也更加清晰，但它也容易给原本的事物增添一种附加值。当这种附加值积累到了一定程度之后，隐喻就容易让人们忘记事物原本的样子，使得效果适得其反，让思考的结果越来越偏离原始的事物。相比较而言，隐喻不如明喻能让人清晰、快速地看到本体和喻体两种相比较的事物之间的差别。语言中的隐喻固然可以帮助读者和听者进行更感官化或具体化的思考，但也容易因概念的偷换而让原本就不那么清楚的事物更加节外生枝。桑塔格从来都没有反对隐喻这种修辞手法和认知策略的积极意义，但她建议应该对隐喻的使用保持怀疑和警惕的心态，这样才能使得对于事物本身的思考得以延续。

说到桑塔格的第二个建议——直白，其实它来自于她意在对形容词的适当摒弃。而这种对直白的渴望在一定程度上是针对19世纪现实主义文学中大量出现的长句子和修饰语叠加的情况而言的。推崇直白的表现手法和简约的写作风格的作家在文学史上并不少见，伏尔泰、海明威和马克·吐温等众多作家都赞同语言应该精简。“可以说文学史上有一类作家是敌视形容词的。法国大文豪伏尔泰就有句名言‘形容词是名词的敌人。’他似乎在说只有名词是直抵事物本身，是直面、直接呈示事物，形容词多了反而遮蔽事物和内质，所以是名词的敌人。”[①]桑塔格认为众多现代主义作家都在自己的文学作品中显示出了直白的特征，卡夫卡和贝克特等现代主义作家甚至都对修饰性的词语格外谨慎，他们一面向读者抛出看似极富象征意义的隐喻含义，而当读者仔细去研究这些被抛出的隐喻含义时，却常常扑了个空，发现这原来只是作家和他们开的一个不大不小的玩笑，那些字面含义下的意义好像也没有他们原先想的那么丰富和高深。这种意料之外的直白常常会给读者带来一种焦虑的感觉，因为它常常让人觉得自己以为已经熟悉了的事物并没有按照自己的意愿进行而觉得紧张和不安。桑塔格认为这种焦躁的不安感也是完全正常的，它虽然源起于意料之外，却也打破了读者那“确认作品封闭性的决心”。[②]往往读者的这种“确认作品封闭性”的决心来自于他们的一种观念，即认为艺术品是必须要表达思想的，也来自于他们所认为的艺术品的呈现结果是必然的产物，它只能以现有的这一种方式存在于世。殊不知艺术作品未必是时刻要表达思想的，它也未必只能以现有的呈现方式存在，艺术品也是偶然性的集合。举例来讲，2017 年高考的一道阅读理解题引起的风波或许将会有助于解释这种艺术的偶然性。2017 年高考语文浙江卷选用了《一种美味》作为考生阅读理解的选段，文后出现了这样一道富有争议的阅读理解题目，即问考生为什么文末描写的美味的鱼眼睛要放出“诡异的光”？考试结束后，学生们人肉出了这篇文章的作者——巩高峰，并找到了他的微博。在他的微博下面，成千上万的考生

---

① 吴晓东：《从卡夫卡到昆德拉：20 世纪的小说和小说家》[M]. 北京：生活·读书·新知三联书店，2007，

第 115 页。

② 苏珊·桑塔格：《激进意志的样式》[M]. 何宁、周丽华、王磊译，上海：上海译文出版社，2007，第 32 页。

追问作者为什么鱼眼睛会发出“诡异的光”。面对无数高考考生在微博上的追问,原作者巩高峰表示非常无奈,他表示自己没参加过高考,更没想过自己写的文章会出现在高考作文中,而且他自己解释不了、也忘了七八年前写的文章中的诡异的鱼眼睛是什么意思。面对这样一道严肃的高考题,他还在微博上发文开玩笑道:“标准答案没出来,我怎么知道我想表达什么? 我哪里知道结尾有什么意义?”类似的情况还有很多,比如作家周国平就写过一篇文章叫《对标准答案说不: 试卷中的周国平》来倡导学生不应被试卷中的阅读理解的标准答案禁锢住自主的阅读思维。文学批评当然不应该完全按照浪漫主义所倡导的那种按照创作者的学识修养和生平经历来解读作品的阅读方式。这样的批评方式难免会跌入“意见谬误”的误区。一方面,作家最初的创作意图和创作后所产生的文学效果时常会出现不一致的情况。“作家一旦创作完成一部文学作品,该作品就不再属于该作家”等类似理论也有其道理,无需在此赘述。而另一方面,若从逆向思维思考,读者从文本中拼凑出的作者的意图往往正是作家通过人物和情节力图在作品中所呈现的,和他本人的想法是否重合其实是很难查证的。按照 T. S. 艾略特的诗歌的非个性化理论来说,文学作品并不是创作者个人生活和想法的直接再现,它是经过艺术加工后的产物。又如韦恩·布斯所说的真实的作者和小说中的叙述者中间往往隔了一层“隐含的作者”。因此,不应单纯地以作家的写作动机或意图来评价文学作品。根据作家的意图来判断作品好坏的判断标准固然有失公允,但以上的高考语文阅读理解的例子却足够说明作家在文本创作上是有一定的偶然性的,作品以现有的方式呈现在读者面前的作品并不代表它不能以别的方式存在。由于历史背景和社会因素等影响,一部文学作品的诞生势必有其必然性的原因,但也一定因为作家的个体性而有不少偶然性因素的影响。正因为有的时候连作者自己也不清楚为什么要以现有的方式来呈现文学作品,这就足以说明读者若想要以正确答案式的单一的方式来解读文学作品的做法是非常不明智的。很显然,桑塔格认为直白是打破读者试图以封闭的方式来解读文学的一剂良药。

第四章 跨越写作的窄门：长篇小说《在美国》

小说《在美国》发表于2000年，是苏珊·桑塔格的第四本，也是最后一本小说。小说发表的四年后桑塔格因病逝世。《在美国》的创作过程异常艰辛，因为她一边要构思和创作，一边又要克服第二次癌症给她所带来的痛苦和负面情绪。她曾这样叙述过自己在创作《在美国》时的艰难过程：

“当我两年前再次成为癌症病人，必须终止已接近完成的《在美国》的写作时，洛杉矶的一位朋友知道我为可能永远无法完成它而绝望而担忧，便表示愿意来纽约陪我，让我口授这部小说的剩余部分，由他做记录。确实，前面八章已写好了(即是说，重写和重读很多次了)，我已开始写倒数第二章，这最后两张的弧光已清晰出现在视野里。然而，我不得不拒绝他感人、慷慨的提议。不仅因为我很可能是猛烈的化疗和吗啡搞得昏头昏脑，记不起我计划要写的是什么。关键还是，我必须可以看到我写的东西，而不仅仅是听到它。我必须可以重读。”[①]

可以说这是一部带着作家身体巨大的伤痛和疾病书写而成的文学作品。即使是在身体条件极度恶化的情况下，桑塔格仍然多次修改原稿，并坚持由自己执笔完成创作，还得反复阅读和修改自己的作品。功夫不负有心人，小说《在美国》在发表后博得了文学界专业评判的认可，先后获得了三个国际性文学奖项：2000 年获得了与普利策小说奖齐名的美国国家图书奖，2001 年获得了仅次于诺贝尔文学奖的耶路撒冷国际文学奖，2003 年获得了彰显国际精神的德国书业和平奖。

众所周知，青年时期的桑塔格热衷于写评论性文章，她在三十岁左右才开始尝试长篇小说的创作。桑塔格在接受美国 CBS 电视台著名主持人查理·罗斯(Charlie Rose)的访问时坦白说自己年轻的时候低估了文学的道德价值，所以才在早年间一心沉浸于知识界的辩论性写作中，她为自己没能早些专心地投入文学创作而遗憾。在采访中，她仍然很自信地认为虽然很多作家的创作巅峰是在早期，但《在美国》却是让她相当满意的一部作品，她为在自己晚年还能创作出这样的作品而感到骄傲。相比以前，桑塔格觉得自己能够更自由地进行写作。这种自由得益于技法的娴熟，也得益于她对自己即使在晚年也一直处于一种未完成和未确定状态的满足。桑塔格曾经在年轻时的日记中这样描述自己在写作中遭遇过的力不从心感：“写作是扇小门。有些幻想好比大家具，进不去。”[②]但在 2000 年桑塔格接受查理·罗斯的采访时，桑塔格则表示自己很开心地发现在创作小说《在美国》的时候，她

---

① 苏珊·桑塔格：《重点所在》[M]. 陶洁、黄灿然等译，上海：上海译文出版社，2011，第 294 页。

② 苏珊·桑塔格：《心为身役：苏珊·桑塔格日记与笔记，1964—1980》[M]. 姚君伟译，上海：上海译文出版社，2015，第 32 页。

自己能够让更多的东西通过写作这扇门了。虽然年事已高，她却更敢于接近和尝试自己一直钟爱却未能完成的文学创作，也能更从容地面对自己年轻时所遇到的一些写作问题。可以说《在美国》是一部具有作家晚期风格的小说。爱德华·W. 萨义德曾这样描述过一些艺术家的晚期风格：

> “人们会随着年龄变得更聪明吗？艺术家们在其事业的晚期阶段会获得作为年龄之结果的独特的感知特质和形式吗？我们在某些晚期作品里会遇到某种被公认的年龄概念和智慧，那些晚期作品反映了一种特殊的成熟型，反映了一种经常按照对日常现实的奇迹般的转换而表达出来的新的和解精神与安宁。”①

桑塔格的作品状态很符合萨义德所描述的许多艺术家晚期作品所呈现出来的“新的和解精神与安宁”的状态。晚年的桑塔格相比以往更加全身心地投入于自己一直以来都热爱的文学创作中，也相比以往更加意识到文学所具备的道德力量。在《在美国》这部小说中读者的确能依稀辨认出桑塔格在经历过一生的高低起伏之后的那份成熟与宁静的写作风格，但更难能可贵的是在小说中桑塔格仍保持了她创作风格的洒脱与不羁，读者甚至比以往更能感受到藏在她的小说《在美国》下的那颗不断迸发着新鲜血液的不安的文学之心。

---

① 爱德华·萨义德：《论晚期风格》[M]. 阎嘉译，北京：生活·读书·新知三联书店，2009，第 4 页。

第一节　《在美国》的创作素材选择

小说的灵感来源于桑塔格很偶然地在波士顿的一家书店里随意浏览书籍时随手翻看的故事。她在《在美国》这部小说的前言也将这个故事交代得很清楚，小说素材是由一个波兰女演员海伦娜·莫杰耶夫斯卡的后半生的真实故事加以修改和改编的。经过桑塔格的素材整合和艺术创作之后，这部小说故事中的文学时间跨度是从中年的海伦娜阔别波兰舞台，经过修养，后又在美国重返舞台巅峰的二十年经历；地理跨度为从波兰到美国的加州公社，再到美国各州。起先桑塔格能被这个故事所吸引主要有两点原因：其一，这是一部移民者的小说，现实中的主人公海伦娜从破碎残旧的波兰来到新兴的美国，面对全新的移民生活，主人公生命中的无数可能性吸引了桑塔格。海伦娜的波兰背景也或多或少地吸引了桑塔格，因为其实桑塔格与波兰有着深厚的血缘关系，她曾经这样描述过自己的身世："我是个漂泊的犹太人，我的祖父母从波兰来到美国"。[①] 她的祖父母正如同海伦娜一样是从波兰来到美国的移民者。桑塔格曾在 1980 年的时候和一些作家一起到访过波兰的华沙，在接受波兰记者莫妮卡·拜尔的访问时，她曾这样表述过对波兰这个国家的感觉："我必须承认以前我对它并没有太多感觉，但是，一旦来到这里，我意识到我能够真正地成为一个波兰人，生活在波兰。我会再来这里，一个人来，而不是和一群作家一起。"[②]正是这样的血缘关系和参观波兰的到访经

---

① 苏珊·桑塔格：《苏珊·桑塔格谈话录》[M]. 利兰·波格编，姚君伟译，南京：译林出版社，2015，第 83 页。

② 苏珊·桑塔格：《苏珊·桑塔格谈话录》[M]. 利兰·波格编，姚君伟译，南京：译林出版社，2015，第 85 页。

历使桑塔格似乎燃起了对波兰这个国家的兴趣。波兰在历史上屡次亡国，也曾有过长达一百二十三年的被殖民史。正是这样的受压迫的历史使得许多波兰公民不得不移民其他国家。桑塔格对波兰的这段历史当然非常了解，她在 2001 年发表的纪念波兰作家亚当·扎加耶夫斯基的文章《智慧工程》中，就曾特别提到过这个国家的殖民史：

> “波兰曾有过长达两个世纪的历史窒息期——从 1772 年第一次分裂开始——其后不久，自治国家的地位就终结了（直到第一次世界大战结束后才恢复），一直到 1989 年苏联式统治的垮台。这样的国家——这样的历史——很难让其作家完全从全民族的痛苦中脱离出来。”①

显然，桑塔格是关注波兰人民所承受的苦难的，也深知不只是波兰的作家群体，乃至整个波兰人民都很难从长久的殖民苦难中脱离出来。正是来自欧洲这样一个充满伤痕且衰落了的老牌国家的一群文艺工作者的新移民生活经历吸引了桑塔格。他们既想摆脱民族的殖民痛苦，又无法完全融入美国的全新生活，他们的情感又时常困顿于对祖国的思念之情。正是这样一群人的复杂情感和特殊经历激发了桑塔格的创作热情。其二，这是一部关于戏剧的小说，桑塔格毕生热爱戏剧，也都在与戏剧与演员打交道，她自己也曾是导演和编剧，也在电影中客串过角色。她非常热衷于探索演员的生活和心理，也希望将它们以小说的方式呈现给读者。整部小说乍读起来颇有浪漫主义小说的风貌，但细细咀嚼就会被桑塔格许多写作构思与技巧的大胆尝试所吸引。

---

① 苏珊·桑塔格：《重点所在》[M]. 陶洁、黄灿然等译，上海：上海译文出版社，2011。

苏珊·桑塔格的《在美国》是建立在一个已有的真实的故事基础上创作改编而成的，它是关于被誉为“波兰舞台皇后”的海伦娜·莫德耶斯卡从波兰移民到美国、适应了美国的生活也重新走上舞台的书写。也许正是这样一个选择还曾一度让桑塔格陷入抄袭风波。有传言称，桑塔格的小说《在美国》中的部分段落未经修改地分别摘录自四本海伦娜·莫德耶斯卡的传记。尽管这个传言始终未得到证实，桑塔格本人也从未对此传言做出过回应，但它毕竟在一定程度上模糊了这部文学作品的大众记忆点。从叙事学的角度来看，桑塔格选择一段广为人知的事件作为自己创作的主要内容是相当具有挑战性的。虚构类的作家大多喜欢沉浸在自己创作的故事当中，甚至经常在写作完成后被自己笔下故事的发展脉络所震惊。列夫·托尔斯泰在创作完成《安娜·卡列尼娜》后回过头来看他的创作时曾为他所安排的男主人公之一沃伦斯基的自杀这一行为而惊奇不已，就仿佛这样的安排出自他人之手。这些作家往往非常热衷于故事的编排，乐于在自己创造的故事中寻找乐趣。在文学史上，还有另一些作家喜欢以名人真事为原型加以创作，比如英国著名作家威廉·萨默赛特·毛姆就非常喜欢改编真人真事。他的小说《月亮与六便士》是以法国印象派画家保罗·高更的故事为素材而进行创作的，小说《刀锋》是以英国的奥地利哲学家维特根斯坦为原型书写而成。文学史上，更有过许多文学作品是根据同一个故事框架进行改编进而书写而成的，比如光是浮士德的故事就有剧作家马洛的《浮士德博士的悲剧》、约翰·沃尔夫冈·冯·歌德的《浮士德》、托马斯·曼的《浮士德博士》和斯蒂芬·文森特·贝内的《魔鬼和丹尼尔·韦伯斯特》等多个衍生本。这些浮士德的故事原型虽然最基本的故事框架一样，但这样的故事框架却也给作家留下了无限的创作空间。每个作家作品中主要人物的名字可以被再命名，甚至部分故事情节也可能被全面颠覆，但它们之中最不尽相同的还要数作家的写作手法和叙事技巧。从叙事学的理论讲，这些文学作品的原型故事是这些作品的构成性要素，也就是作品的必要因素，它们决定了作品中情节的发展走向和整体框架；而作家们对原型故事的拓展与改编是作品的补充性要素，它们不是必要因素，不决定故事的走向，没有了它们整个故事也似乎毫发无损。但为什么有这么多文学工作者热衷于用自己的方式创作和书写既定的故事呢？其中很重要的一个原因是由于时代不断发展，语言富有活力并时刻在不断更新，许多作家希望用自己的方式呈现经典的故事和情节，用自己的方式挑战其他人的叙事方式。桑塔格就是其中的一位敢于挑战的作家，她特别热衷于用自己的方式讲述故事。

在桑塔格的四部长篇小说中有两部是根据真实事件和人物改编而成：小说《火山情人》是基于 18 世纪的英国约翰·汉密尔顿爵士和他的第二任妻子艾玛的真实故事改编而成；小说《在美国》也是根据 17 世纪最有名的波兰演员海伦娜·莫德耶斯卡的真实事件改编而成。这样的创作选择对创作者来说挑战不小，因为许多读者都知道这些真实事件行文的大致走向，文学作品因此而很容易变得充满陈词滥调，行文间的细节处理容易让读者产生太过刻意的感觉，作家也容易为了讨好读者、为了推陈出新而过分注重句子上的建构和用词上的新颖。甚至有时这样的作品还趋向于对读者还不了解或意想不到的事件重笔泼墨从而试图使作品刻意地为了不同而不同。小说《在美国》尽管面临许多的创作风险，作家桑塔格却都能着力于故事本身的同时，也不着痕迹地将作家的写作风格自然地分泌到故事当中去，浑然天成地将创作者的写作技巧和原本的故事合二为一。桑塔格的创作选择虽然有一定风险却与小说创作的基本理念并不冲突：小说创作的故事往往先于叙事，先存在于作家的脑海中，而作家的叙事又是对故事的再现。所以由此看来，她的创作选择虽然出人意料，却也在情理之中。

有些故事如果不经作家的想象和书写则永远无法公之于众，再现在人们的视野当中。而桑塔格在《在美国》首页的辅文本就向读者挑明了她的小说的灵感来源于一段历史往事，还在首段将波兰著名女戏剧演员海伦娜·莫德耶斯卡的移民故事梗概讲给了读者。尽管有许多作家偏爱于改编真实事件，但他们大多会在扉页或开头提及故事的名称，却也有少数作家会在自己小说的开端就将整个故事高度浓缩地呈现给读者的。在这少之又少的将整个故事高度浓缩的呈现给读者的作家中，纳博科夫就曾做过这样的尝试。他的小说《黑暗中的笑声》是这样开篇的：

> “从前，在德国柏林，有一个名叫欧比纳斯的男子。她阔绰，受人尊敬，过得挺幸福。有一天，他抛弃自己的妻子，找了一个年轻的情妇。他爱那女郎，女郎却不爱他。于是，他的一生就这样给毁掉了。
>
> 这就是整个故事，本不必多费唇舌，如果讲故事本身不能带来收益和乐趣的话。再说，裹满青苔的墓碑上虽然满可以容得下一个人的简短生平，人们却总是喜欢了解的尽量详细一点。”①

纳博科夫的这一开篇虽然高度概括了人物的一生，却也给出了读者阅读的理由：让他们更加详尽地了解这位主人公一生的故事。这样的设计虽然将故事的脉络在开篇就公之于众，却也非常注重故事的细节，因为毕竟对于传统的作家和文学评论家来说，小说的故事才是它的内核，是最能吸引读者注意的精华所在。而相比纳博科夫，苏珊·桑塔格在《在美国》的前言则显得更加纯粹，她

---

① 弗·纳博科夫：《黑暗中的笑声》[M]. 龚文痒译，桂林：漓江出版社，1987，第1页。

也概括了主人公的一生，却没有给出读者阅读这本小说的具体理由，她在前言中这样写道：

> “1876 年，波兰赫赫有名的女演员海伦娜·莫杰耶夫斯卡移民美国，与她同行的有她的丈夫卡罗尔·查波斯基伯爵，15 岁的儿子鲁道夫，青年记者、日后《你往何处去》的作者亨里克·显克维奇和其他几位朋友。在加利福尼亚的阿纳海姆小住一段时间之后，莫杰耶夫斯卡在美国开始了红极一时的舞台生涯，改名海伦娜·莫杰斯卡。小说《在美国》的灵感就源自于此。
>
> 这就是整个小说。小说中绝大多数的人物是杜撰的，但与现实生活中的原型并无太大出入。”①

相比纳博科夫在故事前面高度浓缩地呈现故事，桑塔格更进一步，也更加大胆。读罢纳博科夫《黑暗中的笑声》的第一段读者可能还无法确认第一段到底是不是整个文章的概述，还是整个小说是第一段内容的节选。而桑塔格却在小说《在美国》的前言中就将故事概述抛给读者，并且好像在明确地告诉读者“看吧，这就是整个故事！”这样的写作方式其实是一种元小说的戏仿形式，即“通过模仿小说的一般规范和惯例从而使小说技法本身得以裸露的修辞手法。”②她在前言中就摹仿了小说的传达信息和讲述故事的惯例，而使得读者注意到了这将是一部虚构作品对现实的描写是如何被建构的一种尝试。桑塔格想挑战现代小说“讲什么”背后的“怎么讲”的不同可能性。进一步来讲，这样的写作手法很清

---

① 苏珊·桑塔格：《在美国》[M]. 廖七一、李小均译，上海：上海译文出版社，2012，无页码(前言页)。

② 程军：什克洛夫斯基论“戏仿”[J]. 文艺评论，2009，(5)：第 158 页。

晰地表达出了她认为艺术创作是有极大的偶然性的这一观点：

> "不管一件艺术作品以何种方式存在，它完全可以以别的方式存在。在这个秩序中，这些部分的必要性不是先天给予的，而是被给予的。拒绝认可这本质的偶然性（或开放性）激发了读者以解读来确认作品封闭性的决心，也让沉思的艺术家和评论家感到艺术作品总是滞后于或是不适合它的'主体'。但是，除非我们坚信艺术确能'表达'某物，否则这些过程和态度都远非必然。"①

也就是说，不管之前的真人真事是以什么方式呈现在大众面前的，它们完全可以以另一种形式存在。从柏拉图开始，认为诗是无意识的产物的声音在文学批评界就不绝于耳。正是这样的文学批评观点让作家的意图不能够成为唯一的或主要的文学作品价值评判的标准；也正是这一思想让同一部作品具有了在时间上和空间上不同解读的必要性。而桑塔格则认为读者之所以在欣赏作品时有笃定的解读作品的决心以及评论家评论艺术作品时经常感到力不从心都来源于他们认为艺术创作的目的是表达某物或某种思想。换句话说，认为艺术创作是为了"表达"些什么的读者和评论家们多认为艺术成果是必然性的结果，艺术作品只能以一种它已经完成好了的样子呈现在大众面前。考虑到很多时候艺术家自己都会为自己曾经创作出的作品而感到惊奇，桑塔格的这种创作素材的选择可以从侧面反映出她认为艺术创作也难免是偶然性的结果，她不完全赞同艺术作品只能以现有的形式存在，因为艺术的存在不是为了表达特定的思想。由于小说的前言

---

① 苏珊·桑塔格：《激进意志的样式》[M]. 何宁、周丽华、王磊译，上海：上海译文出版社，2007，第32页。

属于作品的辅文本，而其中的故事梗概相当于叙事的构成性要素，作家对这个故事的拓展与改编是补充性要素。在辅文本的前言就将构成性要素一目了然地呈现给读者，作者就势必要在补充性文本中下足功夫。从桑塔格的这一做法中可以看出虽然她没有否认小说故事的重要性，但她却敢于发掘小说故事以外的元素。对于同一段故事，一千个人可能有一千种描述方法，而桑塔格想用她其中一种的写作方式对故事进行再现，从而挑战读者的阅读神经。不仅如此，前言中的内容概要可以被理解成一种强调或一种提示。桑塔格旨在说明虽然《在美国》是根据事实改编而成的，但它不是一本传记而是一本小说，这就决定了它在受制于故事真实性的前提下还有自己的想象空间和虚构的余地。

第二节　同时：非典型性的第零章

小说《在美国》是以章节为划分进行书写的，从第零章开始依次往后排列。“零”在自然数中表示没有，也正如小说的第零章一样，它的存在和不存在好像对于整个故事的发展来看影响并不大。但另一方面它又是至关重要的数字，零在数轴上是正数的起点，正因为有了这一章节的铺陈其他章节才能顺理成章的书写下去。而第零章在《在美国》整个小说中不仅起到铺垫的效果，它的叙事手法、标点符号的使用以及感官描写等多方面都挑战了小说的常规写法，也特别引人入胜。从内容到风格，第零章就像它数字的特殊性一样，在整部小说中是尤其特别的存在。

一、第零章的叙事视角

第零章整个章节的叙事者以一位异国的窥探者的姿态用第

一人称引出了整个故事的主要人物和后续情节。这位外来者为了避寒无意中闯入了波兰首都的一家私人餐厅，并被里面正在举行的聚会所吸引。她虽然对与会人员所操持的语言不是很熟悉，却一点点地聆听和猜测，最终推断出了聚会的主办人是其中光环最盛的一名气质优雅的女士，通过聚会人员的交谈猜测出了这位气质颇佳的女士的名字叫艾琳娜，也揣摩出了她的职业是舞台演员，就连艾琳娜身边的簇拥者以及他们和女主人公之间的关系也一并推理出来。像一部推理小说一样，故事由此拉开序幕。第一人称的叙述者多数时候是有意识地在描述她所看到的和听到的；有时她也将自己作为叙述者的生活经历和性格特征带入其中，仿佛是和一个不是很熟悉自己的人在聊天；有时在喃喃地自言自语，将自己猜测的心理活动呈现给读者。所有的人物都是由这位叙述者带入故事当中的。桑塔格作为作家在开篇以一位探寻者的身份出现，有意给读者造成这样的印象，就仿佛她对书中所发生的事情知道的并不比读者更多。这一做法和在 20 世纪后期美国流行的现实主义小说上帝视角的事无巨细的叙述方式截然不同。桑塔格自己是这样描述了她所生活的年代的现实主义小说的受众情况：

> “现在流行的小说其实还是在过去的模式里，即那种所谓的现实主义写作形式；这种形式给予大多数人他们期待从散文体小说里得到的东西，一个有力而清晰的故事，间接地提供某些关于一个奇异世界的社会学和心理学信息。作家对你所不了解的世界进行报道：机场指挥塔，黑手党，一个小镇的秘密生活，好莱坞电影圈，等等。”①

---

① 苏珊·桑塔格：《苏珊·桑塔格谈话录》[M]. 利兰·波格编，姚君伟译，南京：译林出版社，2015，第 4—5 页。

相比英国文学的保守，战后的美国文学已然开放了许多，像博尔赫斯和乔伊斯这些大作家所创作出的史无前例的具有实验性的文学作品已经受到了美国学界和读者的高度重视。纵使这些前卫的和实验性的文学作品在引导潮流风向上起到了一定程度地让大众追随小众的先锋作用，但若从大众的总体阅读喜好来看，小众的、前卫的文学作品仍不敌现实主义文学对普罗大众的吸引力。二战过后，美国读者喜欢阅读的文学作品大多还是那些所谓的现实主义文学，美国大众的文学品位也仿佛仍停留在十九世纪，读者们仍然像从前一样期盼从小说阅读中得到智性的长进，学到一些他们在日常生活中无法触及领域的知识。桑塔格对于美国文学的这种表面开明、实则保守的现状深表担忧，她还更加具体地评判过现实主义对于人的外貌的写作手法："通过所谓的现实主义小说发展而来的处理人的外表的惯例变得单调乏味了，它们已经无力拓展人们的感受力。"[①]她不仅不欣赏现实主义文学作家趋向于细致地描写人物外表的写作手法，也不赞同现实主义那种全知全能的上帝视角的写作惯例，她认为那种书写方式已经无法给读者带来阅读感受上的刺激。的确，现代作家通常尽量避免外部描写，以力图进行更细致和多样的情感描写和本质描写。他们不再用传统的外部细节描写，甚至不再按照时间顺序来描写事件的发展进程，他们更关注看起来毫不起眼的琐事和人物的意识及情感。相比现实主义写作手法，《在美国》开篇中桑塔格的这种以第一人称去观察和描述的写作方式更加新颖，更能拓展读者的感受力，是具有艺术性的远景透视法。第一人称的表述虽然带有一定的主观性，但它又是来自于现场第一手的、最直观的、未加任何修饰的表述。以闯入者的视角来透视屋内宴会的情形——

---

① 苏珊·桑塔格：《苏珊·桑塔格谈话录》[M]. 利兰·波格编，姚君伟译，南京：译林出版社，2015，第 8 页。

这种借助主观感受来描述客观情境的写作手法能让读者产生一种更加立体的感官体验。叙述者作为宴会屋内的一员，她的视角被植入画面，宴会的宾客和在宴会上所发生的事情都会被闯入者按照自己的尺度一一丈量后再呈现给读者。

桑塔格不仅对于太过保守的现实主义写作手法颇有微词，她还对于现实主义所指范围有所疑问：

> "如果现实主义是个适用于所有作家的词儿，或者至少适用于所有作家对他们在做的事情的内在信念，那么它便毫无价值。我认为，作家逃离它，如果你希望谈逃离的话，其途径全靠表明所有的人都在某种现实主义的掩护下行事，它基本上不能让一组作家区别于另一组作家。巴勒斯和萨克雷或阿诺德·本涅特一样是现实主义的。这是另一种现实主义。我绝不会反驳说，人们认为他们不是在谈论什么存在的东西。我所反对的是某种现实主义的特权地位。"①

她的这一语境其实是置于评论奥尔巴赫所著的《摹仿论》之下而产生的。众所周知，该书囊括了从荷马到弗吉尼亚·伍尔夫横跨三千年所谓的现实主义文学的著作，它向读者展现了随着时代的更迭作家们对现实的不同呈现方式。虽然该著作是置现实主义文学于整个西方文体演变的大视角下加以观察和分析的，旨在说明平民百姓的现实生活是如何突破古典文学的严苛文体分用规范而进入到严肃文学之中的，但桑塔格却觉得若假设书中所分析的每一位作家都认为自己的作品呈现了现实的模样，现实主义是每一位作家的风格的话，那么现实主义就丧失了有其自身的特

① 苏珊·桑塔格：《苏珊·桑塔格谈话录》[M]. 利兰·波格编，姚君伟译，南京：译林出版社，2015，第 11 页。

征，对每一位作家的分析也将忽略其特有的写作风格。这样看来，与其说桑塔格对于现实主义写作方式颇有微词，对于全知全能、“准确无误”的现实主义文学写作持怀疑态度，不如说她质疑的是现实主义的特权地位。其实，早在她的《反对阐释》中的一篇评论现实主义批评家卢卡奇的文章《乔治·卢卡奇的文学批评》中就能明显地看出桑塔格对于20世纪后半叶现实主义特权地位的不满。在文中桑塔格言辞异常犀利，她甚至认为卢卡奇的部分著作担不起托马斯·曼、圣伯夫、乔治·斯泰纳等诸多文学评论家对他的高度赞誉。桑塔格所最不能接受的是早期卢卡奇迫使文学服务于一种特定的历史或者道德倾向的文学判断。她认为以卢卡奇为主的许多现实主义批评家的文学评判标准过于单一，他们不承认艺术的自主性，将艺术的价值过分寄托于其内容上，无法包容现代艺术。由此可见，桑塔格对于现实主义写作和现实主义的文学批评方式都持保留态度。

此态度在《在美国》的第零章描写中尤其明显，第一人称的叙述者站在和读者认知范围平行的角度去讲述她的所见所闻，以及所思所想。这种描写方式与传统的现实主义写作手法非常不同，它是一种典型的现代主义写作手法，更像电影的拍摄方式，虽然叙述视角有着明显的局限性，却更立体地挑战了读者的感知力。写作是由视觉化的文字供读者阅读的，但在第零章里桑塔格却多次试图用文字调动读者的其他感官感受，其中最明显的例子要数作者多次对听觉进行的描写。这种用视觉的文字对听觉的描写让文字跃然纸上，让小说有一种类似电影表达的立体感。比如，

“……因为我听见站在屋里的客人一只手端着盛满温酒的高脚杯，另一手比划着说我们(而不仅仅是他们)。我开始听到其他一些名字：巴巴拉、亚历山大、朱利安、旺达，这些人似乎都不是评头论足的旁观者，而是整个事件的一部分，甚

至还是策划者。"①

前半句话的"听"特别值得注意，说"我"听到了屋里的一些宾客站在房间里，一只手拿着盛着温酒的杯子，另一只手在做哑语。这一切应该都是无声的动作，"我"却通过听觉感受到了，"我"不仅通过耳朵听到了杯子中酒的温度，甚至连别人的手语都听到了。这是一种以感觉写感觉的通觉的写法，就好像"我"的感受力无比发达，听觉、视觉和触觉已经相通。试着想象一下读者在阅读到此处时的感受：作者为读者呈现的是视觉上的阅读体验，而作者桑塔格又在视觉的文本中注入了叙述者听觉和触觉的体验。因此，对于读者来说这是一次通过阅读获得的视觉、听觉和触觉三种感受力的凝聚，是非常特别的阅读体验。又如，

> "我听见有人叫他……卡罗尔。我没法解释为什么这个名字不能让我满意：也许是因为我不清楚他们议论的内容而感到气恼，我只好向这个脸型略长、端正而苍白的人发泄心中的失意，他的父母竟给他选了这样一个悦耳动听的名字。所以，我对自己的听觉深信不疑，虽不能说自己没听真切，正如我听见她妻子的名字叫玛琳娜或海伦娜一样，我还是认定他不叫卡罗尔，认定我肯定没听清楚，因此允许自己再给他取个名字，叫他波格丹。"②

整个段落都是根据叙述者"我"听到卡罗尔这个名字后的一段意识流描写。"我"觉得眼前的这位男士因为样貌不佳，不配叫卡罗

---

① 苏珊·桑塔格：《在美国》[M]. 廖七一、李小均译，上海：上海译文出版社，2012，第 5 页。

② 苏珊·桑塔格：《在美国》[M]. 廖七一、李小均译，上海：上海译文出版社，2012，第 4 页。

尔这个悦耳的名字，所以决定叫他波格丹。在原版英文小说中，桑塔格用了“euphonious”这个单词来形容卡罗尔这个名字的给人听觉上带来的美好体验。想必读到这里的读者都会稍作停顿将这个名字读出声来，或至少在心中默读来验证一下这个名字是否如同叙事者说的那样动听。它是桑塔格的一个巧思，让读者在进行视觉运作的过程中也能调动其他感官来协同阅读。

二、第零章中引号的非常规划化使用

还需注意的是：在这个特别的第零章节中，桑塔格对于标点的使用方式有许多显著的不符合写作规范的地方，桑塔格似乎想借由这位外国的不速之客的叙述有意地“滥用”标点。而且这些标点的“滥用”只限于第零章，从第一章往后标点就又符合常规的写作规范。

这种标点的不合常理的使用首先体现在引号的使用上。其一，该用引号的时候不用引号。桑塔格设置在这个章节每一位说话者说出的话都是不同字体内镶在文中的，并没有像正规写作要求的用冒号和双引号来将说话者所说的内容包含其中。比如，桑塔格在描写戏剧评论家在谄媚玛琳娜时这样写道：“我是在糟蹋莎士比亚的英语，我听见她对坐在左边的戏剧评论家说。不，不是这样，他大声说，你朗诵得非常漂亮。朗诵得不好，玛琳娜回答，口气尖锐。”[①]类似的例子还有很多。桑塔格并没有像常规规范的一样将说话者的话语用冒号和引号与其他文字隔离开来。其二，叙述者“我”非常频繁地在文本中向读者讲述自己使用引号的原因。小说的作者，尤其是现实主义文学的作者通常希望读者

① 苏珊·桑塔格：《在美国》[M]. 廖七一、李小均译，上海：上海译文出版社，2012，第 21 页。

能够完全地沉浸在自己编织故事之中并呈现出一种忘我的状态，他们甚至希望读者没有机会和精力去质疑故事的真实性。这些作家设计精巧的场景和逼真的故事就是不想给读者喘息的机会，从而希望将读者拉入自己精心设计的文学世界之中。但桑塔格却一反常态，她的这种元叙事手法仿佛希望借叙事者之力将读者抽离出故事，让他们意识到自己正在阅读的是一部文学作品。比如，叙述者在偷听聚会上的讲话时，桑塔格这样写道："我极力想听清楚他们在餐桌上最先说的话，我得让脑海里的有些词语安静下来：'开胃汤''犹太风味鲤鱼''奶酪丝烘鳎鱼''樱桃酱野猪肉'……我用引号是表示我目前没有耐心来描述这些东西；等我弄清楚事情的经过以后，我会有足够的时间来描述。"[①]叙述者向读者坦白了自己在这些菜名上用双引号的原因是因为自己暂时还没有足够的时间来具体描写这些菜色。这些菜也许有它们的记录价值，但如果拿它们和叙述者在偷听的事情相比，它们暂且不值得一提，不是当下的描述重点。叙述者像在做笔记一样在提醒自己，想先略过它们，等有时间再好好地予以描述。这样一来，小说的这一章给读者的感觉像是在领略一份私人的潦草的笔记，笔记的主人只是匆匆记下了一些细节，还来不及完善就又被另外一些事情所吸引。叙述者在窥探一群聚会的人，而小说的读者此时也变成了窥探者在探查着这位记叙者的隐私。又如，

> "即使他们的所作所为，或者计划安排完全合法，我都得想办法理解，其他很多人都参与了这个女人和一个男人，或这个女人和两个男人的事件(你知道他们的名字)，其中包括附近那些继续争论'是非曲直'的客人。我不知道我干吗要

① 苏珊·桑塔格：《在美国》[M]. 廖七一、李小均译，上海：上海译文出版社，2012，第16页。

在是非曲直这些词上加引号,原因倒不仅仅是这些都是听别人说的词;肯定是因为在我所处的时代,只要不是自鸣得意的偏执狂或杀人害命的复仇狂,人们尽可能非常公开地讨论这些词,甚至可以进行辩解。这些人,这个时代让人着迷的地方是,这些人知道,或者说自以为知道事情的'是非曲直'。如果没有了'是'和'非','善'和'恶',它们就会感到像赤裸着身子,毫无保护。这些观念在今天还苟延残喘,知识变得没那么动听,转变成了'文明'与'野蛮','高贵'与'粗鄙';而在它们的时代则成了难以理喻的'无私'与'自私'。原谅我使用这些引号(我马上就停止使用引号),我只是想强调这些词,想给予这些词应用的重视,给人印象深刻。"①

在这个语段中,叙述者第一次用引号来将是非曲直括在其中。她在这一次使用双引号符合双引号的常规用途之一,即表示讽刺和否定。其语境是她以一位外来者的身份来评价聚会参与者的国家——波兰。她一边向读者解释波兰因为长期受到外来侵略者的掠夺而统治者制定的政策中常常都带有特务的阴谋性质,一边猜测这些聚会参与者说不定就是参与阴谋的人。叙事者希望读到这份文本的读者注意到一点:人们自以为是地认为自己有资格谈论的是非曲直,而实际上很有可能这些谈论是非曲直的人并不了解事情的真相。叙述者此时解释自己使用双引号是为了让读者注意到她对人们口中的是非曲直表示怀疑。叙述者第二次解释自己使用双引号也是符合双引号的使用规则的,双引号中的词是她着重想讨论的对象。在这里叙述者虽然没有展开讨论,但也能隐约看出叙述者是抱着去二元性的想法,反对人们将一些元素

① 苏珊·桑塔格:《在美国》[M]. 廖七一、李小均译,上海:上海译文出版社,2012,第5—6页。

进行简单的二元性的概述，并对于人们心中的非黑即白的将问题简单化的二元性思维提出疑问。毋庸置疑，二元性是人类认知史上的一次进步，它帮助人们将问题简化，一分为二地认识问题和解决问题。但叙述者在文章中通过对“是”和“非”、“文明”与“野蛮”等一些二元性的概括力的质疑人们更多地对二元性自身的局限进行思考，即二元性是否有时也会蒙蔽人们的双眼，将部分原本不存在的矛盾和对立人为地割裂开来。在一连串使用多个双引号之后，叙事者好像怕读者厌烦似的，说要尽快停止使用引号，并在最后终于又再次强调自己使用这些双引号的原因是希望读者能够重视这些二元对立词语的应用。再如，叙述者在已经大致猜出了各位主人公的身份和名字后这样写道：“即使我猜得不错，我的意思是，即使我知道谁是女演员，谁是舞台导演的等等，这也有助于解开疑团：这个女人玛琳娜和这个男人博格丹，或者两个男人，博格丹和里夏德，现在所做的一切，或者将来计划要做的一切，是对还是错。（你看，我已经扔掉了我的小拐杖，不再用引号。）”[①]很显然叙述者没有按照常规给“对”和“错”加上引号，并且还开玩笑地和她的读者说明了自己在这里没有使用引号的原因。从表面上看，桑塔格以叙述者的身份没有使用双引号一部分原因是介于之前双引号使用的太多了，这里不再想让读者厌烦；另一部分原因就像她自己所说的她将双引号称作自己的“小拐杖”，自己在这里没有使用双引号是向读者展示自己已经扔掉了这个拐杖。这里的“对”和“错”显然是和前文的二元性的那段文字相对应，按叙述者所说她无法确定女主人公和两位男主人公所做的“是非曲直”是否符合道德规范。叙述者将这句解释用在这里有些戏讽的感觉。她本该用双引号来将“对”与“错”包含其中，但由

---

① 苏珊·桑塔格：《在美国》[M]. 廖七一、李小均译，上海：上海译文出版社，2012，第 11 页。

于叙述者本身反对这种将事物简单地分成“好”与“坏”、“黑”与“白”的这种用二元性来区分事物的方式。她深知此处应该有双引号却在实际的写作中没有使用双引号。在之后却又仿佛此地无银三百两一般地给予了解释，说明了自己已经不需要这些双引号作拐杖了，以此来引起读者的注意。此处的叙述者像是一个调皮的孩子，刻意地破坏一些规矩，究其原因是由于迫切地期待被关注。之后的叙述者是否真的抛弃她的引号拐棍呢？她是否因为怕被读者嫌弃就再没有使用过引号和解释过引号呢？答案是否定的。在小说的十多页后，桑塔格笔下的第一人称的叙事者再次使用了双引号：“小时候我承认我的学习还不错，但涉及书本知识或传记什么的，肯定我的天资并不‘聪颖’（请别管引号），我周围的人似乎也没有谁天资‘聪颖’（同样别管引号）。”[①]在这里这个闯入聚会者将自己的过往经历也代入到文本中起到一个过渡的作用。她简单地描述了自己小时候的学习状况还算不错，虽然并不属于天资聪慧型的学生，但她始终相信只要她笃定去做某事，就能做好。接下去她的经历又和故事相连接，正是因为她觉得只要有信念加上努力就能成功所以她认为她这些猜测的努力也不例外，经过她的仔细观察和反复推敲会将聚会上的人际关系和是非曲直捉摸清楚。这里的“聪颖”一词按照英语写作的规范并不需要加引号，它既不表示讽刺，也不表引用，更不是用来谈论“聪颖”这个词本身的，它只是一个符合语境的描述性的形容词。在用完了双引号之后，桑塔格又以叙述者的身份在后续的口号中让读者别管这些引号，她显然意识到了自己标点使用不当所以让读者无视这些标点。这位异国的客人显然意识到了读者的存在，或者说在她心中是有潜在的读者存在的，她一边为读者讲述自己所

① 苏珊·桑塔格：《在美国》[M]. 廖七一、李小均译，上海：上海译文出版社，2012，第25页。

看到的和猜测到的事情，一边像在与读者对话一样还为大家解释她的一些写作习惯。叙述者换了一种方式这种和潜在的读者讨论自己使用标点符号的原因和情况在以往的小说中还是很罕见的。

对于引号的应用问题，1984 年桑塔格在接受《加拿大政治与社会理论杂志》记者采访时，当记者提问“你在自己的作品中使用引语有没有什么特别的策略？”，桑塔格回答道：

> “显得特别现代的东西，如思想单位、艺术单位、话语单位，都是碎片；引语也是一种碎片。事后，我意识到我对引语和列举目录极感兴趣。然后，我注意到其他人对引语和列举目录也极感兴趣；像博尔赫斯和沃尔特·本雅明，诺瓦利斯和戈达尔这样截然不同的人。对我而言，使用引语一开始非常自然，但是接着，这种使用通过思考效果加强了。但这种做法本来是随性为之。”①

可见，桑塔格和其他她所提及的作家一样也对于引号和列举目录的使用很感兴趣，她认为引号是现代化的产物，她是绝对有意在小说的第零章中使用这么多的引号，这些引号是碎片化的产物。小说中的引号也是桑塔格刻意为之的产物，它们的使用最初也许出于作家自然的写作习惯，而这种行为在反复发生后也渗透着作家对于“碎片”更深层次的思考，桑塔格曾这样表述：

> “我认为碎片的形式中有一些非常宝贵的东西，它可以指出间隔、空间和事物之间的静默。另一方面，你可以说它

---

① 苏珊·桑塔格：《苏珊·桑塔格谈话录》[M]. 利兰·波格编，姚君伟译，南京：译林出版社，2015，第 134 页。

是一种颓废——不是道德意义上的——因为它是一个时代结束的方式,我的意思是一种文明、思维传统或感情的结束。碎片假定一个人知道并且经历过许多事,说它颓废,是因为你必须拥有所有这些背景,熟知各种典故,而你在对事物发表评论时不必把这些背景与典故都一一点明。这不是年轻文化的艺术形式或思想形式,年轻文化需要把事情讲得非常具体。但是我们清楚地意识到多元视角的存在,碎片是确认多元视角的一种方法。"①

小说中的引号也是桑塔格口中的碎片化的静默形式,它是小说中语言在不断堆砌时的小小停顿,也是作者和读者之间的一种超越了语言的默契考验。具体来说,在文学中某些引号的使用是不断创造的文字中的休止符,它与不断产生的话语形成对比,是置于语言中的一种静默的力量。桑塔格所说的颓废是指这些引号或者碎片与年轻文化所流行的将诸事大白于中的思维方式不同,它们假定读者了解这些引号中或碎片的内容,不必事事点明。碎片打破了事物原本的连续性,作为跳跃性思维的一种表现方式是对连续性事物的一种挑衅。碎片这种艺术表达方式在最一开始的时候往往是因为完整的事物受到了破坏而留下了残缺了的艺术品。这些碎片化的艺术品通常能让人想象或怀念那些曾经完好无损的作品。但随着时代的变迁,人们慢慢发现碎片化的艺术表达本身就很具有吸引力,它也许从来都没有完整过,却能给人带来更多元化的视角。从浪漫主义开始,许多艺术家就注意到了碎片化的艺术表达方式,到了近现代碎片化更是受到了诸多艺术爱好者的追捧,一些艺术门类的出现也可以说是碎片化的产物,比

① 乔纳森·科特:《苏珊·桑塔格访谈录》[M].唐奇译,北京:中国人民大学出版社,2014,第75—76页。

如“摄影是一种碎片的形式。静态摄影的本质反映了一个碎片的精神状态。”[①]摄出的影像留住了时间长河中的一个瞬间，照片也就由此成为了时间的碎片。从小说中引号的有意使用到摄影的静态捕捉都渗透着桑塔格对于碎片这一表达方式的思考，但她也同样注意到了碎片的局限性。她曾经在采访中这样说道：“碎片似乎成为了我们这个时代真正的艺术形式，每个反映艺术和思想的人都必须面对这个问题。罗兰·巴尔特最近说他现在的所有努力都是为了超越碎片。”[②]虽然桑塔格对碎片的艺术表达形式非常感兴趣，但她对巴尔特的这种试图超越碎片的尝试却并不乐观。碎片式的艺术表达凭借着它更真实和浓烈的艺术属性得到了越来越多艺术家的青睐，但深究碎片所给人带来的欣赏空间也有其局限。正如当人们在日常生活中回忆起生命中的某些时刻时，一种碎片式的零星感受也许会相比其他感受来得更猛烈、更真实，但人们之所以能记得这个时刻，并不单单只是因为这个碎片的存在，而更多的是因为这个时刻带入给人的整体性感受到达了某一个顶点，才赋予了人们将这一段回忆与其他段回忆相区分的能力。由此可见，小说《在美国》第零章中引号的使用是桑塔格写作习惯自然的流露，也是她对于碎片化表达的一种思考成果。

三、“我”是谁？

桑塔格在《在美国》中还会时常使用括号，尤其在第零章中括号的使用特别频繁。因为第零章中讲述故事的人是靠观察、偷听和猜测来定位小说中人物的名字、职业和性格特点的。所以在这

① 乔纳森·科特：《苏珊·桑塔格访谈录》[M]. 唐奇译，北京：中国人民大学出版社，2014，第 77 页。

② 乔纳森·科特：《苏珊·桑塔格访谈录》[M]. 唐奇译，北京：中国人民大学出版社，2014，第 74 页。

一章节中括号中的内容有很大一部分是因为叙述者对于小说人物情况的不确定而进行猜测的。比如,叙述者在猜测在场的唯一一位小男孩的名字时用过两次括号一次是他还无法确定男孩的名字时:“那个小男孩(皮奥特? 罗曼?)”[①]另一次使用括号仍然是叙述者已经下定决心给男孩自己取了个名字的时候,用括号中的内容向读者做的一个交待:“医生打开餐柜上的一瓶匈牙利葡萄酒,小男孩皮奥特(我最后给他取了这个名字)被唤醒准备回家,正坐在高背椅上等着。”[②]以上的这些括号都是桑塔格借助叙事者的口吻在猜测故事中的主人公的情况。

有些时候这些括号是这位外国来叙事者在以和读者对话的口吻起到补充正文的作用。例如:“随后我开始思忖另一位男子,从此刻他坐在皮沙发上,在笔记本上写着什么(他写得很长,似乎不像是在给那位女佣写便条)。”[③]又如,在小说中故事发生的那个年代在波兰可供女性选择的职业并不多,叙事者在用排除法猜测女主角的职业时,她这样写道:“……几乎没有什么令人羡慕的职业可供妇女选择(她既不愿意当保姆,不愿意当家庭教师,也不愿意当妓女)。”[④]这些括号中的内容都是正文的一些补充性话语,有的是叙事者“我”的猜测,有的是全知全能的心理活动的描写。总之,这个类型的括号中的内容补充了第一人称叙事者局外人叙事角度的局限,也拓宽了读者的阅读视野。

更多时候第零章的这些括号是帮助小说中的叙述者塑造一

---

① 苏珊·桑塔格:《在美国》[M]. 廖七一、李小均译,上海:上海译文出版社,2012,第18页。

② 苏珊·桑塔格:《在美国》[M]. 廖七一、李小均译,上海:上海译文出版社,2012,第24页。

③ 苏珊·桑塔格:《在美国》[M]. 廖七一、李小均译,上海:上海译文出版社,2012,第4页。

④ 苏珊·桑塔格:《在美国》[M]. 廖七一、李小均译,上海:上海译文出版社,2012,第9页。

个更立体的"我"的存在。正是括号中有关"我"的自我介绍循序渐进地让这位叙事者的形象也更丰满的跃然纸上。比如在小说的第一页就有括号中关于"我"的描述："他们的语言我大多听不懂(我只到这个国家来过一次，那还是十三年前的事)，但是从他们的谈话中我多少琢磨出一些意思，是什么原因我也不知道。"[①]这里括号中的内容为读者提供了非常重要的叙述者的信息也奠定了"我"的重要身份，那就是"我"是一位外国人，之前只来到过波兰一次。后来，这位叙事者又对她的外国身份和对外语的了解情况作了进一步的解释和说明："我只了解几门拉丁语系的语言(我初涉德语，能记住二十多种鱼的日文名称，略懂一点波斯尼亚语，对这个客厅里能听到的语言却几乎一个字也听不懂)；但是我还是设法听懂他们交谈的大部分内容。"[②]如此说来，她后面的半听半猜，以一位异国者的身份在观察和评价波兰本土的人物和做法在逻辑章法上就说得通了。再往下读下去，只要稍微熟悉苏珊·桑塔格生活经历的人都能很明显的看出括号中的叙述者"我"的经历和作家本人的经历有非常相似的地方，比如："我通常比较怕冷(我在南亚利桑那和南加利福尼亚长大)，不过我不在乎溜出去一刻钟，即使是雪子当头。"[③]这一点与桑塔格小时候的生长环境完全吻合。虽然桑塔格出生在纽约，但她小时候成长在南亚利桑那州的图森市区和南加利福尼亚的旧金山市。再如："事实上，我有些冲动(我认识卡索邦才十天就和他结婚)，喜欢冒险；但是我也喜欢长时间地蜷缩在角落，老是估计责任和义务，眼看

---

① 苏珊·桑塔格：《在美国》[M]. 廖七一、李小均译，上海：上海译文出版社，2012，第1页。

② 苏珊·桑塔格：《在美国》[M]. 廖七一、李小均译，上海：上海译文出版社，2012，第11页。

③ 苏珊·桑塔格：《在美国》[M]. 廖七一、李小均译，上海：上海译文出版社，2012，第14页。

时光白白流逝。(过了九年我才决定我有权,在道义上有权跟卡索邦离婚。)"[①]这里的卡索邦虽然不是桑塔格前夫的本名,但是这个情节却和桑塔格本人的婚姻经历完全一致。1950 年 17 岁的桑塔格还在上大学三年级时就与认识仅十天的社会学教授菲利普·里夫闪婚,并于九年之后的 1958 年与丈夫离婚。更有一处的括号内容在中文的翻译文本中被译者省略掉了,只在小说英文原版中有所出现:

> "Appalled by the lethal upsurge of nationalist and tribal feelings in my own time, in particular (you can be in only one place at a time) by the fate of one small European nation, braided together tribally, and, for that, destroyed with impunity, with the acquiescence or connivance of the great European powers (I'd spent a good part of three years in besieged Sarajevo), I wondered if they could be as exhausted as I was by the national question and by the betrayal, the deceit of Europe."[②]

上文的第二个括号中的内容就是被中文版译者省略掉的内容。众所周知,作家桑塔格本人多次往返萨拉热窝,还曾在战火纷飞的萨拉热窝导演过贝克特的戏剧《等待戈多》,这段英文原文中的第二个括号与桑塔格的经历也有相似的地方。随着这些括号中的内容逐渐增多,随着叙述者"我"的身份逐渐完整,读者可以看到这位叙述者"我"的经历和小说的作者苏珊·桑塔格有非常多

---

① 苏珊·桑塔格:《在美国》[M]. 廖七一、李小均译,上海:上海译文出版社,2012,第 23 页。

② Susan Sontag, *In America* [M]. New York: Farrar Straus& Giroux, 2001, P9.

的罕见经历非常相似。就在读者接受越来越多关于"我"的讯息，心中关于"我"的拼图在一点点凑齐的时候，却也在同时产生了越来越多的遐想，因为毕竟括号内的内容只能困顿于有限的括号之中，它无法跳出括号成为小说的描述主体。在给出读者越来越多关于"我"的线索的同时，也让读者产生越来越多的疑问。虽然从文学批评史来看，从小说中的人物中去探寻作家的影子并不是一种具有太多文学意义的研究方式，但这些括号中给出的信息实在太诱人了，它们似乎在有意地让读者去将这些括号中的内容和作家本人的生活经历相联系。

第零章这样的叙事手法和许多文学流派所推崇的叙事表达方式不同。比如这种写法和现实主义对作者叙事声音的要求完全不同。现实主义文学作品希望给读者完全真实的感觉，这样的创作前提鼓励现实主义作家们给读者提供一种叙事者完全不存在于作品之中的感觉。这样的叙事手段也和许多觉得作家应该保持客观、中立和不带个人情感的观点不同。事实上，作家当然做不到让叙事者在文学作品中完全地隐形，但桑塔格在这章中的叙事创作手法很容易让人觉得现实主义对叙事者的这一要求不光是做不到，而且是不一定要这样做。第零章中的叙事者处处在向读者透露着自己的个人信息和自己的推理过程，生怕读者意识不到叙事者的存在。这些括号中的内容当然永远也满足不了读者欲壑难平的好奇心，因为纵使叙事者"我"的经历与桑塔格本人的经历颇有相似之处，但信息毕竟非常有限，更何况这个叙述者"我"的经历在小说的第零章节之后就完全淡出于读者的视线，但是这样的创作构思会指引熟悉桑塔格经历的读者去怀疑叙述者的身份，读者不仅要通过叙事者的语言了解故事的发展脉络，熟悉人物之间的关系，还需要注意叙述者的身份和经历。就仿佛在欣赏一幅画中画一样，叙事者在观赏者眼前的聚会，读者也在揣摩叙事者的故事。

按照韦恩·布斯在《小说修辞学》中提到的“隐含的作者”的理论，读者应该把文学作品创作的实际作者、文本中的“隐含的作者”以及叙述者区分开来。“隐含的作者”指的是文学作品的实际作者在小说中创造出的一个身份。比如，小说中的人物说了一句“喝咖啡真带劲儿!”读者很容易联想实际的作者在生活中是不是也喜欢喝黑咖啡。作者当然在生活中有可能喜欢喝黑咖啡，但这只是诸多可能性中的一种，并不能因为作家在文中写了这样一句话，就断定实际创作者的个人喜好。这种读者想象中作者的形象就是布斯笔下的“隐含的作者”。它是介于实际创作者和读者之间的一种想象力的体现。之前对于叙事者身份的种种猜测其实都是在对这个“隐含的作者”的猜测。叙事者通常在文学作品中以“我”的身份出现，是作品中的讲述者。这一章中的叙述者的一些个人情况和实际作者的生活经历有惊人相似的地方。正是这些相似的地方使叙述者、“隐含的作者”和实际的作家有了重合之处。但这些重合之处毕竟和小说的整个篇幅比起来非常短小，更何况这位叙述者只出现在这一章节，这些有限的重合挑战了传统小说的叙事手法，给读者增添了一定的阅读乐趣。

这样看似无意实则有心的设计也很容易让读者联想到另一个更有趣的问题，那就是既然这个叙述者的经历和桑塔格本人这么相似，那么作者写作的时代和故事发生的年代是不是也可能有所不同？换句话说，这位外国来的聚会闯入者和故事中的那些在波兰首都餐厅里聚会的人物是不是处于同一个时间层？小说中的这句话也许可以帮助读者推理故事发生的大致时间：“在那个年代，漂亮的女人异国三十岁，人们就会说她已经不再是如花似玉；她也是如此。”[①]真实世界中的海伦娜·莫德耶斯卡出生于

① 苏珊·桑塔格：《在美国》[M]. 廖七一、李小均译，上海：上海译文出版社，2012，第2页。

1840年，而从小说中大致可以看出故事大致发生在海伦娜三十岁左右，所以读者大概可以推理出故事发生在1870年左右。叙事者还曾在括号中提供了一个重要的信息："应该说明，我的四个祖辈都出生在这个国家(因而出生在一个八十多年以前就已经不复存在的国家)，但他们不是出生在这座城市；我在脑海里追溯着他们出生的年代，惟有这样我才可以置身于这间屋里，倾听早已过时的话。"①现实生活中，桑塔格的四位祖辈确实也都是波兰人。而波兰这个国家有长达一百多年的殖民史(1795年到1918年)，正像叙事者在括号中所描述的那样，她的四个祖辈所生活的波兰是一个在当时不复存在的国家。而叙事者还强调需要追随着她的四位祖辈的年代，才能将自己置身于现在的这间酒店中，才能听懂那些已经过时的话。由此可见，叙事者生活的年代最起码是在1918年波兰独立之后的时代，因为如果不将自己置身于自己祖父母那个年代则无法理解房间内那些已经"过时"的对话。由此可见，叙事者所处的年代和小说中故事发生的年代是有一定时间差的。而且叙事者在文中反复提及的"在那个年代"、"我这个年代"和"他们出生的年代"类似等等的表述也特别值得读者注意，比如：

> "我知道，他们的国家已经从欧洲的地图上消失了，这个惨痛的记忆渗透了这些人的情绪。在我这个时代，民族主义者的致命起义和部落情感使我震惊，特别对(在一个时候你只能在一个地方)欧洲一个弱小国家的命运感到震惊……我无法改写历史：我得承认在她那个时代和国家，为大众所知晓、得到大众崇拜的女人很可能是位演员。因为在那个时代——我孩提时代最杰出的女英雄玛丽亚·斯克罗多夫斯

① 苏珊·桑塔格：《在美国》[M]. 廖七一、李小均译，上海：上海译文出版社，2012，第21页。

> 卡，即后来的居里夫人，刚刚才出生八年——几乎没有什么令人羡慕的职业可供妇女选择。”①

如果说之前叙述者只是给出了读者一个故事发生的时间段，那么在这一段中叙述者则是给出了书中人物所生活的确切的时间点，即居里夫人出生后的八年，也就是1875年。选段中还提到了叙事者在孩提时代就已经知道了成名的居里夫人，说明儿时的“我”出生在居里夫人成名之后，而不是1875年，所以可以非常肯定叙事者和书中人物不生活在一个年代。虽然还不能肯定叙事者到底是不是桑塔格本人对于文学性的分析并不是十分重要，但桑塔格的确在接受记者采访被问道若抛开职业兴趣，第一本真正影响她的作品是哪本时，她这样给予了回答：“是居里夫人（Madame Curie）的传记，她女儿伊娃（Eve）写的，这本书在20世纪40年代初非常著名。我读它的时候应该是7岁，或许更早一点，6岁。”②抛开作者经历是否与叙事者经历的相似性不说，至少可以帮助人们了解居里夫人在美国开始有影响力的年代是20世纪40年代，而不是1875年前后。更何况单单在这一句话中就出现了两次“在那个年代”，这样的表述也十分显眼。试问如果叙事者和书中人物是生活在同一个时代的人又何分你我，怎会有这样的表述。再加上叙述者“我”还强调了自己无法改写历史，这样一来就更加能看出书中的人物对于叙述者来说已经是历史、是过去时代的人物了。通过这么多的线索读者终于能肯定叙事者“我”所生活的年代和故事发生的年代是不同的，叙事者“我”是跨越了空间和时间上的距离才得以进入聚会，有机会偷听诸位书中角色的交谈

---

①　苏珊·桑塔格：《在美国》[M]. 廖七一、李小均译，上海：上海译文出版社，2012，第9页。

②　乔纳森·科特：《苏珊·桑塔格访谈录》[M]. 唐奇译，北京：中国人民大学出版社，2014，第123页。

的。叙述者在括号中的话语很重要，即（在一个时候你只能在一个地方），这个“我”强调了人在一个时间只能在一个空间里出现。她的这一思考很可能源于康德《纯理性批判》中的一个观点：时间之所以存在，是为了让一切不至于同时发生，空间之所以存在，是为了使一切不至于都发生在一个人身上。但小说中的叙事者“我”所处的年代如果和主人公所处的年代不同，则完全打破了括号中这种时间空间同一的可能性。由此可见，桑塔格不仅在故事情节的发展上绕开了全知全能的上帝视角，由一个闯入聚会的旁观者的视角猜测、观察和描述着参会人员的一言一行，还将叙述者的经历和背景看似不经意地透漏给读者，也间接地引导读者怀疑叙事者和作者是否是同一人的疑问，进而让读者注意到叙事者所处年代和小说故事发生年代是完全不同的，这一闯入是一次跨越了时间和空间的行为。不难想象，叙事者“我”的视角和电影或戏剧中观众的视角非常相似。观众所处的年代和戏剧或电影中故事发生的年代完全不同。不仅如此，观众和小说《在美国》中的叙事者“我”一样对于电影开始时情节的发展和人物的关系也并不熟悉，始终以旁观者的姿态注视着剧情的发展，随着情节的推进不断揣摩着人物的结局和情节的发展走向，并不时地将自己的经历和情感带入到故事之中，一点点地将自己的观察和思考进融入进整个故事。书中的叙事者以为自己在看别人的故事，其实她写下的故事也在被读者阅读。桑塔格文中的叙事者像在看电影的观众一样，跨越了时间和空间的距离置身于波兰的一家餐馆，整个小说的第一个篇章（第零章）由此开启。而作为衔接，这个叙述者“我”只在小说的第二章（第一章）的第一句中又出现了两次：“下午五点过几分，她挨了加夫列拉・埃伯特一记耳光（我没看见），也许这才使有些事情，不，才使所有的事情（我对此也一无所知)变得更加明了。"[1]第一章的第一句之后,一次"没看见"和一次"一无所知"后小说的叙述者就从完全淡出了故事,再也没有出现在小说中了。

第三节 流亡美国

小说《在美国》描写了一群波兰人移民到美国、融入到美国的过程。所以很显然,这是一个涉及两种文化的移民故事,也是关于波兰人初到美国所见、所闻、所思、所想的故事。临行之前,主角玛琳娜觉得自己没有必要给出他人自己将要去到美国的理由,但她却认为身边的朋友和家人需要有个从波兰出走他国的理由。而这些将要背井离乡的波兰人是怎样说服自己漂洋过海到一个完全陌生的环境去开启全新生活的呢?小说第二章的末尾充满了即将要出走的玛琳娜朋友们自言自语的话语,通过这些话语作者在小说中给出了这些波兰人想去美国的各自不同的理由:

> "因为我天性好奇,那是我的职业,一个新闻工作者理应如此。因为我喜欢旅游,因为我爱上了她,因为我很年轻,因为我爱这个国家,因为我必须逃离这个国家,因为我喜欢狩猎,因为尼娜说她有了身孕,让我娶她,因为我阅读了大量的书籍,费尼莫尔·库珀和梅恩·里德等等,因为我准备写好多好多的书,因为……"[2]

---

① 苏珊·桑塔格:《在美国》[M]. 廖七一、李小均译,上海:上海译文出版社,2012,第27页。

② 苏珊·桑塔格:《在美国》[M]. 廖七一、李小均译,上海:上海译文出版社,2012,第92页。

这是由许多预备移民美国的波兰人的多个出国理由所组成的一段话。值得注意的是这里只有一个句号，只有第一个理由是有完整逻辑的，因而桑塔格用句号结束了表述第一个理由的句子。在那之后，句子都是由逗号将诸多理由隔离开来。这些由逗号隔离开的理由似乎远没有第一个理由那样充分，他们有的是因为自己家庭的责任，有的是因为自己的爱好，有的是出于自己对美国新鲜事物的无限憧憬。纵观包含以上引用段落在内的一页半篇幅以"因为"开头的移民理由，多数是迫不得已，少数是迫不及待。这些形形色色的波兰人所给出的答案虽然无法代表所有将要移民美国的波兰人的意愿，却也将这个大的移民问题变得具象化，让读者更容易身临其境地感受到每一个具体的波兰人马上将要踏上异国他乡的急促与不安。他们出国的理由纵然多种多样，但其实他们的选择都是同一个，这样的描写透着他们的无奈却又都别无选择。这些他们口中的移民理由就像是压在他们的心中的最后一棵稻草，是他们思想临界点上的小小砝码，又是他们自我安慰的定心丸。似乎有了这些理由，他们就可以"心安理得"地离开自己的祖国，去到一个全新的世界。文中最后的一个玛琳娜的朋友和玛琳娜的对话更是荒诞却又充满预言性：

> "'（去美国是）因为人应该和谐相处，就像傅里叶所说的。我听说的事都是那么让人情绪高涨。但是，我承认每次看傅里叶论述劳动的文章，说劳动是人类幸福的钥匙，我的眼睛就会——'
>
> '那么就忘掉傅里叶吧！想一想莎士比亚。'玛琳娜说，'想一想莎士比亚怎么说。'
>
> '但是莎士比亚包罗万象。'
>
> '正是如此。就像在美国。美国意味着一切。'
>
> 她用旧式演员雄辩的声音，一种试图传达到剧院最高一

楼最后一排的声音，朗诵道：

'抓紧时间，迅速行动。一队一队的人群在你身边拥过。历史在隆隆地前进，在大地上谱写新的篇章：广袤的土地一望无垠，任你思绪驰骋。马车夫抽打着马儿，盖得严严实实的马车向前飞奔，似乎想追赶横跨东西海岸的列车——暴风雨来啦！'

他们就这样奔向美国。"①

说话者是玛琳娜的一位喜欢读傅里叶的朋友，他对于美国的美好期望首先基于他认为美国是一个多文化杂糅的国家，人和人在那里可以自由平等地和谐共处。但当他转念一想：虽然傅里叶笔下的劳动图景是一幅幸福的画面，但去到美国之后就需要完全重新开始，要放弃在波兰积累起来的人脉和经验，在美国势必需要从事未知的劳动和工作，他又开始恐慌了。这怕是大多数当时想要移民的波兰人民心底矛盾的一个缩影，对新大陆有无限憧憬的同时又对自己未卜的前途有不自知的恐惧。而玛琳娜建议她的朋友忘记傅里叶描述的劳动场面转而去想想莎士比亚，这就意味着玛琳娜希望他的朋友忘记傅里叶所描述的局部而多去关注莎士比亚笔下"包罗万象"的整体，换言之也是在开导她的朋友放眼移民美国后的多种可能性，而不要只想着移民之后可能会经历的苦痛。最后玛琳娜朗诵了一段戏剧中的台词，借这段台词描述了波兰人移民美国的过程。戏剧的主角置于拥挤的向前行进的人群之中，她能够感受到自己作为历史的一部分在和其他人一样随着历史的红轮缓缓前行。在他们面前一切都是新的，无数种可能的未来正等待着他们。她看到身边呼啸而过的马车，速度极快，像

① 苏珊·桑塔格：《在美国》[M]. 廖七一、李小均译，上海：上海译文出版社，2012，第93页。

似要追赶上列车的速度。伴随着人群的拥挤和马车的飞驰，一场暴风雨也随之而来。暴风雨在这里当然可以被理解为面对全新的世界这些波兰人随时可能会面对的生活状况。玛琳娜和她的朋友们，还有千千万万个波兰人就是带着这些个理由奔向了美国，奔向了他们未知的新生活。

这里的每个波兰人都有个人的原因必须要离开自己故土、长途跋涉地去到一个完全陌生的国家，然而他们都有一个共同的原因，一个隐藏在小说深处的原因，他们都是因为自己的祖国长期处在殖民时期才决定出走他乡的。地理位置上，波兰东挨俄国（现白俄罗斯），西邻普鲁士，位处两大强国之间，而这两大强国又曾多次意图统治世界，这就直接导致了此二国共同的邻国波兰三次被瓜分，二次亡国，长期处于被殖民的状态。因为故事大概发生在1875年左右，所以小说的历史背景正值波兰长达一百二十三年（1795年—1918年）被殖民的中后期，而众多波兰人民的出走都与不堪自己祖国长期被沙皇俄国长期殖民有直接关系。整个文章虽然很少直接地谈及战争以及战争给波兰人民带来的伤痕，却在许多地方“有意无意”地提及波兰的被瓜分和被殖民，这当然是小说绕不开的背景。比如，在小说的第零章中，叙事者就曾以旁观者的角度对于波兰在欧洲地图上的小时表示了同情和愤怒：

“我知道，他们的国家已经从欧洲的地图上消失了，这个惨痛的记忆渗透了这些人的情绪。在我这个时代，民族主义者的致命起义和部落情感使我震惊，特别对（在一个时候你只能在一个地方）欧洲一个弱小国家的命运感到震惊；在欧洲列强的默许和纵容之下，一个由部落组建起来的小国被灭亡也理所当然。我不知道他们是否会像我一样，被民族的问题,被欧洲的背信弃义和欺骗弄得心力交瘁。"①

由上文的第一句话可以非常清晰地看出书中人物生活的年代是波兰被殖民的年代。波兰当然就是叙事者口中的欧洲的弱小国家,它一次次地被瓦解,又一次次地重新振作。处于俄国殖民统治下的波兰人民长期处在战争与被殖民的惨痛经历之中,终于他们决定要离开那个让他们满身伤痕的地方,奔向未知的世界。而在交代小说人物背景时,桑塔格有时也会"不经意地"带出波兰的历史,比如:"玛琳娜从来没见过像波格丹祖母这样的人。她生于一七九一年,即波兰第二次被瓜分的前一年。"②虽然《在美国》是一部非虚构性小说,小说的故事有它的历史原型,但是要查找到小说主人公丈夫的祖母的出生年份对于创作一部小说来说实在无太大必要,因为这毕竟是一部文学作品而非家族历史书籍,所以桑塔格显然是在提及这位老祖母的时候虚构了她的出生年份,而且也"顺带"提及了波兰被瓜分的历史。这样看似无心实则有意的安排也容易让读者注意到波兰曾经被瓜分的史实。更何况作者特意写出了"第二次被瓜分",这势必会让不熟悉故事历史背景的读者注意到波兰被瓜分了不止一次,有心的读者也许还会顺势查找一下波兰到底被瓜分了几次,波兰人民曾有过怎样的遭遇。而之后,已经踏上移民征程的作家里夏德在横渡大西洋通往美国的轮船上和美国人进行的简单交流也直接地表达出了波兰人民切身的亡国感受。从他们的对话中能让读者感受到来自一个欧洲弱小国家的公民在面对一面多年的亡国事实所产生的悲痛感和自卑感:

① 苏珊·桑塔格:《在美国》[M]. 廖七一、李小均译,上海:上海译文出版社,2012,第8—9页。

② 苏珊·桑塔格:《在美国》[M]. 廖七一、李小均译,上海:上海译文出版社,2012,第86页。

"'在我们国家，'里夏德说，'我们并不自由。'

'是吗？你是从哪个国家来？'

'波兰。'

'哦，那个国家非常落后，我听说过。不过，我去过的地方都很落后，也许英国除外。'

'波兰不幸的地方不在于落后，哈特菲尔德先生。我们是被征服的民族，就像爱尔兰一样。'"①

里夏德在谈话中首先说明自己的国家"并不自由"。的确，长期处于亡国状态的波兰是一个非常缺乏自由的国度，被殖民时期殖民者甚至曾经禁止过波兰人民使用波兰语进行日常交流。连自己国家的语言都被禁止使用，也就不难想象里夏德口中的"不自由"的真实性了。接着，美国人附和着里夏德的评论说波兰的确是很落后，而里夏德却更进一步指出斯拉夫民族真正可悲的地方并不在于外国人所在意的国力的衰落或经济的落后，而是在于像爱尔兰一样波兰是一个被征服了的民族。由此段对话就可以看出在面对一个国家的亡国时外国人和本国人因所处位置不同而存在的思维差异。"战争的记忆就像所有的记忆一样，大都是本地的。"②外国人由于自身经历的局限性在看待波兰问题时很难对波兰人民的被殖民经历感同身受，他们看到的更多地是波兰这个国家的贫穷与落后。但小说中的波兰作家里夏德却一下子就揭开了波兰人民最痛的伤疤，那就是自己的祖国多次被征服的事实。作家桑塔格在这里通过不同国家人物对话的形式一针见血地描

① 苏珊·桑塔格：《在美国》[M]. 廖七一、李小均译，上海：上海译文出版社，2012，第103页。

② 苏珊·桑塔格：《关于他人的痛苦》[M]. 黄灿然译，上海：上海译文出版社，2006，第31页。

绘出了波兰的被殖民者内心深处所承受的长久的被奴役的压抑和痛楚。这样的描写一方面来自于桑塔格祖父母的波兰血统家族背景,另一方面也来自于作家的生活经历和对战争的思考。桑塔格多次冒着战火进入到极度危险的萨拉热窝,与一些描写战争的作家不同,她在生活中不是战争的旁观者而是战争的亲历者,所以她非常清楚地知道战争对于旁观者和亲历者的区别。一位再富有人道主义精神的战争旁观者也无法真正体会到战争给其人民带来的伤痛。除了亲身参加过战争,桑塔格对战争也有深刻的思考,在《关于他人的痛苦》中,她从影像的角度出发,阐释过她对于痛苦和战争的深刻理解。她曾经在书中描述过这样的一个真实的故事:一个萨拉热窝市民看到电视新闻中正在播放自己国家的另一地区武科瓦尔被炸毁的画面时,起先觉得非常可怕,而后就迅速地转台了。这位市民难以正视附近发生的惨烈战况,一方面出于恐惧和觉得自己无能为力,而另一方面也处于与自己本能相违背的冷漠。桑塔格认为正是因为媒体日日夜夜地循环播放战争的消息和报道战争的图片,容易让人在情感上对战争变得麻痹和冷漠。就算是身处同一国家的人都有可能对亲身经历的战争产生逃避的和冷漠的感觉,更何况是没有经历过战争的外国人了,他们就更无法设身处地地感受到长久的战争和奴役给他国人民带来的伤痕。桑塔格在《在美国》的此处,非常形象地描绘出了置身事外的美国人的冷漠,他不但对于波兰的亡国没有表示遗憾,反而冷冰冰地评价波兰是有多么落后。这样的书写将长期处于被殖民状态中波兰人对于被征服的绝望和外国人置身事外的冷漠描写得淋漓尽致。正因为有美国人漠不关心、随口一说的评价,才更加衬托出波兰人民亲历战争所承受的苦难与悲痛。从此处也能看出桑塔格非常善于单刀直入的写作手法,她非常精炼地描述出了两个国籍不同、经历不同的人对于战败国的不同看法。试想如果换一位作家,面对如此重要的历史背景很可能会不舍得只用这么少的几句话来概括这么宏大的小说背景，而桑塔格写作这本书令人震撼的一个地方就是，她本可以像典型的非虚构型小说一样长篇幅地放开去描绘故事的历史源头和故事主人公出走美国的原因，但她却写得极为收敛、极为浓缩。这也是她挑战故事该“怎么讲”而不完全是“讲什么”的一种现代主义写作方式。

波兰人渴望远离自己长期被殖民的祖国寻找一个自由的乌托邦国度，但当他们登上前往美国的轮船，见识到美国人自命不凡的言谈举止之后，他们在自卑的同时也开始发现也许美国不再是他们心中平等和自由的乌托邦了：

> “每次吃饭的时候，美国人就极力向他证明美国是地球上最伟大的国家。原因很简单，谁都听说过美国，谁都愿意到美国去。在里夏德所在的波兰，人们同样认为自己的祖国是上帝为了特定的使命而选中的国家。但是，上帝选中波兰去殉难，这使波兰人变得内向，完全不像这些自我专注的美国人；美国人之所以如此，是因为他们深信自己得天独厚。”①

众所周知，美国是一个移民国家，其中移民者比重的绝大部分都是由欧洲人组成的。当他们提起各自欧洲的母国时并不一定会有多少自豪感，但当他们聚集在一起成为一个新兴国家的成员时，就如同小说中所写道的，他们中某些人心中的自豪感便油然而生。正因为他们或他们的前人做出的移民选择成为越来越多人也想要的选择，所以他们为加入这个新成立的国家而感到骄

---

① 苏珊·桑塔格：《在美国》[M]. 廖七一、李小均译，上海：上海译文出版社，2012，第102页。

傲,为自己是上帝选中的幸运儿而感到自豪。而相比之下,波兰人所信奉的宗教从小就教育他们也同样是被上帝选中的幸运儿,只不过上帝选中他们是去受难的,所以才要承受长久的战争的苦难。这样的宗教信仰多少可以抚慰他们心中长年的被殖民之苦。在没有看到美国人骄傲的样子的时候,波兰人也会觉得即使是要承受亡国的痛苦自己还是很幸运能被上帝选中,但当他们将自己的祖国和美国相比较时,这些波兰人的自卑之情是难以言表的,因为同样是上帝选中的孩子,生活在美国就可以是自由而无战争负担的,而生活在波兰就要长期听从于其他民族的指挥,甚至在世界地图上都已经找不到自己国家的位置,在自己的祖国都不能够使用自己的语言,这样的比较难免让一众波兰人产生有一种民族自卑感。船上的美国人除了骄傲于自己的国家之外,还特别热衷于对自己在船上所享受的特权待遇进行列举和讨论:

> “这些美国人对能表现自己特权的东西总是津津乐道,彼此间不厌其烦地列举船上奢侈的设施——船上他们居住的那部分的设施。他们浑然忘记了就在他们脚下,在货舱和上层甲板之间狭窄拥挤、密不透风的地方,躺着‘日耳曼号’八分之七的乘客。最后上了几百个爱尔兰移民,轮船开始横渡大西洋的时候,他们的总数已达一千五百人左右。
>
> 里夏德还没有忘记,人有舒服和不舒服之分,有的人养尊处优,有的人饥寒交迫。而在波兰,由于民族身份和民族苦难的情感练习,严酷的阶级关系反而变得十分淡漠。世界上贫富关系的变化并不能缓解赤裸裸的特权:有的高高在上,享受宽阔的空间、美味佳肴与和煦的阳光;有的则身处臭

气熏天、不见天日的底舱，拥挤不堪，食品定额分配。”①

里夏德虽然在波兰和在这艘船上都属于“上等人”的群体，但他还没有忘记人因为生存境况的不同还是会分出三六九等的。在美国人积极又热烈地讨论自己在船上所享受的优待的同时，却忽略了此刻正生存在船的货仓和甲板之间的那些底层的移民者。与部分波兰人的选择一样，同样被征服了的爱尔兰移民也大批地离开祖国，涌入移民的轮船上。这样的船上景象也许会让读者联想到另一位美国女作家凯瑟琳·安·波特的一部在美国文学史上非常重要的文学作品——《愚人船》。在那部长篇小说中，“真理号”的愚人船承载着五十多名头等舱乘客和八百七十六名统舱乘客从墨西哥驶向德国。书中头等舱里面的“尊贵”乘客和在甲板下如寄生虫般生存的“下等人”形成鲜明的对比，阶级对立十分明显。这是一本被波特写了二十一年的文学作品，该作品对于20世纪60年代的美国文学史来说是非常重要的经典之作，而在桑塔格的小说《在美国》中，桑塔格也对由欧洲到美国的轮船上的上层旅客和下层旅客的天壤之别进行了描写，不同于波特的是桑塔格是通过描写上下层旅客的不同待遇而更加突出了波兰国内的特殊情况以及波兰与其他未受殖民统治国家的对比。在上述选段的后半部分桑塔格写出了波兰国内阶级对立并不明显的情况，这是源于整个波兰都在受到外族的统治，他们国家的主要矛盾一直都是对外的民族矛盾，因此并没有凸显出波兰国内的贫富关系造成的矛盾。但一踏入到通向美国的轮船，又使得波兰人再一次感受到了身边的贫富差距的悬殊和阶级的对立其实是始终存在的。像生活在美国的人就可以享受自由的食物和空气，而生活在

---

① 苏珊·桑塔格：《在美国》[M]. 廖七一、李小均译，上海：上海译文出版社，2012，第104页。

波兰的波兰人民则就像生存在“不见天日的底舱”，他们和生活在轮船底舱的下层移民者一样，战时的食物也是被定额分配的，这就使他们非常容易联想到自身的处境。

而不光是波兰和美国存在着巨大的差异，当里夏德和其他美国人交谈之后，他发现美国这片“自由”的土壤上也存在这样那样的差异。在他从船上登陆上岸之后，他和一位美国的嫖客进行了一次令他终身难忘的交谈。谈话中，嫖客告诉他纽约并不是美国最适宜生活的地方，“走出纽约，往西区。到加利福尼亚去。那才是天堂，人人都想到那儿去。”[①]里夏德顿时惊讶于：“美国还有自己的美国，还有人人都梦想去的更好的地方，你不觉得这具有鲜明的美国特色吗？”[②]作为一个波兰人，他起初觉得美国就是人人都想去的地方，来到美国就是来到天堂了，但当他从美国人口中听说美国也有美国人自己心中梦想去的地方，他吃惊于就算到了“天堂”，天堂中还是有好坏之分的。

不管小说中对于美国人的观点和看法是不是桑塔格本人的看法，读者都可以从中看出作家桑塔格对于自己的祖国是有许多反思的。作为一美国本土长大的美国人，她观察到了美国人的骄纵和美国的等级分明，又或者说她观察到了有人觉得美国人是自大的，有人觉得美国国内是有等级之分的，它在一定程度上颠覆了人们想象中的乌托邦应有的样子。实际上，桑塔格不管是作为作家也好还是作为公共知识分子也好，对于美国的一些国家行为和国民的部分做事方式都曾有深刻的反思和尖锐的批判。最令人印象深刻的，还要数“9·11”事件之后，桑塔格不顾国内参战热潮的高昂情绪，毅然在电视新闻直播中提醒美国民众保持冷静，

① 苏珊·桑塔格：《在美国》[M]. 廖七一、李小均译，上海：上海译文出版社，2012，第123页。

② 苏珊·桑塔格：《在美国》[M]. 廖七一、李小均译，上海：上海译文出版社，2012，第124页。

敦促美国政府反思自己的国际外交强权政策。她的这一行为激起了社会各界人士的不满，甚至受到生命的威胁。但就是在这样的情况下，她仍在事后写文章重申自己的反战立场。由此可见，桑塔格是一位非常能跳出自己国际身份而看待国际事务的知识分子。在小说《在美国》这段对于美国的评价描写中，桑塔格更是跳出了自己的美国人身份，试着站在外国人的角度来描绘美国的不完美。不管这些是桑塔格本人的观点还是小说“隐含的作者”的观点，它们对于小说和人物的刻画和情节的推进都是成功的，正是因为里夏德听说了加利福尼亚州才是美国真正的天堂之后，小说中的一行人等才在登陆美国大陆之后动身前往加州，去寻找和建立他们心中真正的乌托邦了。

第四节 自给自足的社区

一众老友最后在加州汇合，这些波兰上层社会的知识分子和文艺名流在美国西海岸边的种植园过起了自给自足的社区集体生活。在非社会主义国家作家的文学作品中出现过一些类似社会主义公社制度的集体生活描写，比如村上春树在长篇小说《1Q84》中就曾描写过一个名叫“先驱”的奉行社会主义制度的公社。在小说的第十章中，村上春树非常详细地描写了“先驱”这个自给自足的集体组织，它在书中的形象是一个 20 世纪 70 年代在日本官方注册过的正式的公社。刚开始的时候主要是由一位大学教师带着一群被开除了的大学生组成，后来又通过审查和面试吸纳了越来越多来自社会各行各业想要加入这个组织的人士。社团的成员买下了一个衰败的村落后过着彻底的集体生活，他们完全放弃了城市的生活，从零开始学习农业和畜牧业，靠干农活和政府的资金扶持维系着生计。虽然社员们过着集体公有制的生活，但他们的财产仍然是保持私有的，与外界的思想交流也是自由的。与《1Q84》中村上春树描写的社团类似，在《在美国》中从波兰来的一行人也在美国加州的阿纳海姆建立了一个松散的公社，成员们集体干农活来养家糊口。但与《1Q84》中“先驱”社团所信奉的毛泽东思想不同的是，这些波兰人并没有一个基础的思想体系在支撑他们，如果一定要说一个支撑他们做合作社区的理念的话，那就是一部分人读过傅里叶的关于劳作可以给人类带来快乐的书籍。他们所做的一切更像是出自一种本能，一种外国人初到异国他乡抱团取暖的本能。这里不像“先驱”是典型的共产生活的实践地，波兰人的这个共有集体更像是一个围绕着女主角玛琳娜建立起来的大家庭，大家因为都是外国人初到美国，又因为都钟情或仰慕玛琳娜而喜欢围绕在她的身边，因此这些初到美国的波兰人就这样在加州的阿纳海姆定居下来，他们的衣食住行都在一起分享。语言交流方面，他们不用强迫自己学习英语，日常生活说波兰语，和邻居沟通说德语。经济方面，他们尝试过挤牛奶，但因为妇女们挤奶的力度拿捏不好便放弃了。他们搜集了许多农业科普的小册子悉心钻研农活，也不断地向住在本地的外国邻居请教农业种植的知识。他们集中精力经营种植园，买了一些果苗来尝试大面积种植葡萄。为了预防大规模的自然灾害，他们决定还应该种植一些在加州最容易生长的柑橘来分担在葡萄上投资的风险。他们计划着凭集体之力一起给不同的公社成员建造不同的房子：

“他们一开始就十分清楚必须为自己和他人营造更广阔的活动空间。他们要建成真正的共产主义社区。他们要为达努塔、西普里安和孩子们修建一座小砖房，随后再建一座砖房给旺达和朱利安，免得他们在人家耳朵底下哭哭啼啼，吵吵闹闹。他们还要为亚历山大和芭芭拉住的那间房加一层楼和几堵墙。”[①]

这些波兰人计划着像真正的共产主义社区一样让自己的社员都有所居、有所住，筹划着要集众力按照不同家庭的需求为每一家建造不一样的房屋。他们互相之间彼此依赖、共同劳作，再分配他们的劳动果实。他们在过着集体生活的同时也保持着自己的生活习惯和职业素养，他们中有的人是画家就以农村生活或印第安人为主题进行绘画，有的人是作家就撰写一些有关于美国的文章……他们将自己凭本事挣来的钱交一部分作为社团的共同基金以供给集体生活持续运作。玛琳娜是唯一一个完全适应这样集体生活的人，长久的舞台演出经历让她善于与其他人合作共事，同时她也喜欢并享受做农活给她带来的独有的专注感，以及加州阳光给她的健康情况带来的改善。在阿纳海姆生活久了以后，这些波兰人慢慢发现他们的公社并不是唯一一个在此地集体生活的社区，中国人、墨西哥人和印第安人都在这里扎堆居住。在离他们一百英亩的农场上还住着一个自称为伊甸园的社区团体，这个伊甸园社区的社员遵循着严格的生活条例，比如他们必须戒酒、戒肉和戒盐以保持最健康的生活方式，他们所建的房屋必须是圆顶的以便于空气的流通和循环。总之，阿纳海姆是一个多集体聚集的地方，不同种族、不同国家的人以不同的方式在这里聚居。这里就像是美国的一个缩影，它包容万千，融合着各式各样的移民者，让他们以多种多样的方式在这片神奇的土地上生活。

其他社团里移民过来的波兰人并没有像玛琳娜那样很快就适应了农村的生活。在经历了文化冲击的“蜜月期”之后，这种朴

---

① 苏珊·桑塔格：《在美国》[M]. 廖七一、李小均译，上海：上海译文出版社，2012，第190页。

素又单调的生活模式让这些曾经在波兰上流社会穿梭的贵族们开始进入到“文化敌对”阶段。他们开始想念自己在欧洲的祖国，也开始抱怨美国的一些缺点。相比于美国的一些自然人文环境，他们似乎更怀念祖国的一草一木。里夏德就曾在写给玛琳娜的一封信中这样抱怨道：“像我们这种人不应该到美国来定居，特别不应该到村庄定居；我敢保证，美国的村庄都和阿纳海姆一样平庸。而且，我们也不应该到纽约或旧金山定居：欧洲任何一座中等城市都比美国的城市漂亮，更加文明。”①里夏德从在驶向美国的轮船上对美国人的各种羡慕和嫉妒到如今觉得美国的村庄非常“平庸”，任何一座欧洲中等的城市都比美国任何城市都有魅力。这样的评判显然有失公允，因为该评价显然是源于他对家乡的思念而产生的故土胜过新居的执念。但从这些里夏德对美国的评价中，也可以看出这些在美国生活了一段时间的波兰人对美国的态度有了明显的转变。从最初的极度羡慕美国人的生活到之后嫌弃美国的城市，这样观念的转变一方面和他们不适应加州的气候有直接的关系。这些人在波兰阴郁天气下的城市中待惯了，无法快速适应美国加州一年中长时间的炎炎烈日。另一方面，长久的体力劳动也让这一行波兰人无法适应，虽然他们是来自相比于美国经济非常落后的波兰，但毕竟他们在波兰也是办得起高级酒店的宴会的(第零章的酒会)上流人士，也是乘坐轮船头等舱来到美国的。虽然国难当头，但对比整个波兰的情况来讲，小说中这些波兰人的物质生活可以说是比较富足的。这些人来美国的主要原因是想找寻个人精神上的自由，同时也想逃离在波兰被他族统治的精神枷锁，但实际上在美国加州每天重复性的体力劳动使他们苦不堪言：“难道真像俄国作家宣称的那样，我们的

① 苏珊·桑塔格：《在美国》[M]. 廖七一、李小均译，上海：上海译文出版社，2012，第211页。

灵魂会通过体力劳动而得到净化？我们原以为是在选择自由、闲适和自我修养。结果，我们一天又一天地忙于周而复始的农活无法摆脱。”[①]他们本以为可以像俄罗斯文学中所书写的那样通过劳动可以得到灵魂的净化，来到了美国可以得到一种绝对的自由，可以重新获得选择生活的权利，而实际上他们既没有适应繁重的体力劳动也发现获得不了绝对的自由，继而终日困顿于他们并不擅长的农活中。这种所谓的不自由的形式已经有所变化，由原来的因为本民族要遵照他民族的意愿而生存，而现在为了这些植物的生命和自己的生计而生存。作为旁人来讲，无权评判这两种不同的不自由的感觉孰轻孰重，哪一种不自由更让人承受不了，但有一点可以肯定，那就是对欧洲的思念之情已经在一定程度上扭曲了他们对于美国的某些判断。日复一日的琐粹生活冲淡了在波兰时因长时间亡国给他们带来的长久的精神上的折磨。经过了初到美国时对一切新鲜事物的赞叹，长久的体力劳作的不适让他们发觉世界上没有一个国家的公民能拥有绝对的自由，但他们也在同时忽略了这世界上一定有一些国家比另一些国家更自由这一不争的事实。

尔后这些波兰人在南加州的农场里经历了漫长的一年，当他们终于渐渐地适应了当地的天气也适应了繁重的农活之后，这些波兰移民也开始发现南加州干燥炙热的夏季和温和而漫长的冬季能让他们精力充沛，长期的农活劳作使他们更加健康而强壮。这些波兰人便开始真正地适应了美国的生活。他们的葡萄园开始生机勃勃，到了秋天，葡萄的收成不错，也卖了个好价格，虽然他们还是并未完全精通务农之道，但却也“逐渐喜欢闲散缓慢的

---

① 苏珊·桑塔格：《在美国》[M]. 廖七一、李小均译，上海：上海译文出版社，2012，第210页。

农事周期”[1]。他们中的许多人喜欢上了打猎和骑马，各自的职业和爱好也得到了一定的发展，画家雅各布已经完成了印第安人组画，作家里夏德的小说也有了眉目。平静而有序的集体生活下其实也危机重重，这些社员在逐渐适应了这里缓慢生活节奏的同时，也开始较为客观地反思了自己当下的生活。桑塔格借书中玛琳娜的丈夫波格丹之口，以日记体的形式记录下了他们一行人在熟悉了美国生活之后的一些想法，也记录下了表面上风平浪静的公社下面所暗藏的层层危机。这些日记的信息量非常大，既透露出了波格丹的双性恋取向，也有作为丈夫看到自己妻子玛琳娜被别的男士爱慕而产生的自卑之情，有波格丹对公社财务问题的担忧，更有对于当下集体公社生活的描述和预测。作为波兰的贵族，波格丹的日记中有许多关于美国与波兰的差异性的思考。他的思考方式与作家里夏德明显不同，少了几分个人情绪化的抱怨，多了对美国炙热的爱慕和冰冷的怨恨之后剩下的较为理性的思考：

> “欧洲的那些东西，懒惰和保守在这里行不通。从欧洲来的人似乎比我想像的更容易美国化。可是墨西哥人要变成美国人却很不容易。新近成为美国公民的贫穷的墨西哥人，始终是地位低下的外国人；而少数富有的墨西哥人则使我想起我们国内的身世，他们勇敢、傲慢、穷奢极欲、热情好客、注重礼仪而且懒惰；他们注定要被冷酷实际、专注于工作的美国人淘汰。旧式过时的加利福尼亚已经日薄西山。”[2]

---

① 苏珊·桑塔格：《在美国》[M]. 廖七一、李小均译，上海：上海译文出版社，2012，第 208 页。

② 苏珊·桑塔格：《在美国》[M]. 廖七一、李小均译，上海：上海译文出版社，2012，第 218 页。

他从自己社团成员的身上看到了欧洲人和新美国人的区别：美国人多勤劳、实际、专注、富有开拓精神，而欧洲人却相对守旧、爱面子、散漫也不够干练。而相比美国，老牌的欧洲国家已经在走下坡路了，如果再不意识到自己和新兴国家的差距，马上就会如同日薄西山的加州一样被落在历史队伍的后面了。虽然美国是一个包容性很强的国家，也是一个对移民者比较友好的国家，但他还是看到了美国的阶级分明，它是一个有等级之分的国家。比如美国对欧洲移民多持开放和包容的态度，但同样是移民者，墨西哥人在这里却多属于下等公民，他们的身份和地位始终无法和白种移民的地位相提并论。这个显而易见的事实也显现出了美国表面的"自由"和"平等"之下所隐藏的社会问题。波格丹还从波兰和美国习俗的不同作为切入点在日记中进一步描写了波兰人和美国人的一些思维上的差异。比如，波格丹曾这样写道：

> "五月十三日。波兰到处都是纪念碑。我们纪念过去，因为过去代表命运。我们是天生的悲观主义者，坚信曾经发生过的将来还会发生。也许乐观主义的定义就是否定过去具有的力量。在美国，过去并不重要。在美国，现在并不是对过去的进一步肯定，而是取消和代替过去。对过去任何形式的依恋都十分淡薄，这可能是美国人最突出的特征。这使美国人显得肤浅单薄，但这也使他们强健有力，充满自信。他们不会因为任何事情而气馁。"①

小说中的波格丹感到波兰人喜欢去纪念过去，因为他们悲观地认为纪念过去是因为担心历史会重演，是在给未来以警示。而美国

---

① 苏珊·桑塔格：《在美国》[M]. 廖七一、李小均译，上海：上海译文出版社，2012，第230—231页。

则恰恰相反，在波格丹的眼中过去对于美国来说并不那么重要。他们更相信当下的力量，相信现在会取代过去。即便这样的想法容易使美国人显得浅薄，但也容易使他们生活得更加轻松而没有负担。相比于容易沉迷于过去而无法自拔的波兰，美国虽然会显得缺乏历史的厚重感，但却更加生机勃勃、气象万千。没有历史的束缚，美国人也相比波兰人更加自信，也更容易充满拓荒的力量。正是美国人的这种对于过去的观念的淡薄，才让他们更加容易放手去探索和开拓未知的领域。如果说以波兰为代表的欧洲像一位老者，频频回忆自己年轻时候的过往，那么美国就更像是一位青年人，他没有那么多历史好回忆，也没有那么在乎历史，却朝气蓬勃地有一种初生牛犊不怕虎的精气神。桑塔格以波格丹的口吻描述出了在一个波兰移民者眼中波兰与美国对待历史和过往的不同态度。两国对待过去的不同态度当然和他们不同的历史遭遇有直接的关系。历史上的波兰人经历了数次亡国，而且小说中故事的主人公们就是波兰亡国的见证者，他们始终无法摆脱波兰的过去给他们带来的伤痛，所以他们才格外羡慕美国人的骄傲和自信，羡慕他们没有什么历史好回顾。他们也羡慕美国人可以注重当下和现在，放手去做一些他们在波兰无法实现的事情。但当他们刚想迈开步子的时候，悲观的想法很容易束缚住他们前行的脚步，往往让他们步履沉重。波格丹还从两国宗教习俗的不同切入到了两国公民对待集体和个人的不同态度：

> “按照我们波兰的习惯，我们以圣徒的名字命名，并以这位圣徒的纪念日作为生日纪念日。在这里这简直不可想象。之所以如此，倒不仅仅因为美国不是天主教国家，不按宗教日历行事；宗教日历铭记了最古老的历史传统。在美国，最重要的是个人的日历，个人的人生道路。**我**的生日，**我**的生

活，**我**的幸福。”[①]

这个段落最后一句话的字体排版上，三个“我”都是加粗的字体。波兰是天主教国家，因此他们的纪念日都是和圣徒有关的节庆日，都是波兰人民可以共同庆祝的节日。但美国不同，它毕竟是一个多种族信仰的国家，除了基督教之外很难有大型统一的、宗教性的节日。正因为两国宗教习俗不同，波格丹认为在美国最重要的并不是集体的日历，而是个人的日历，是大写加粗的“我”的日历。在美国，个人的观念非常明显。相比于波兰非常注重集体的观念，美国人更加注重自我，他们多认为个人的人生道路是重要的。这一方面当然可以反映出波格丹所认为的美国人有缺乏集体观念的一面，但从另一方面也可以看出美国是一个相比于波兰来说对个体更加尊重的国家。正是这样的观念给了来自于波兰的社员们以希望，正如波格丹所写：“在波兰我想我会安贫知命；但在美国，人能够和命运抗争。”[②]在波兰的时候，他们发现“我”就算再大也大不过时局，大不过被人殖民和奴役的命运，但来到美国之后他们开始发现人其实是可以与命运相抗衡的，正是他亲眼所见美国强调个人“我”的力量给了他们更多的希望。换言之，波格丹眼中的美国可以说是自由主义或个人主义的体现。许多美国右翼学者认为个人主义实际上是与美国国家精神高度契合的价值观理念，他们中的许多人认为美国的富强在很大程度上归功于个人主义的大行其道，他们把私有制、自主性和个体权益看做社会正常运作的根基所在，也看做是他们身份认同的标志所在。这些美国人在价值排序上认为集体是个人汇总的集合，所

① 苏珊·桑塔格：《在美国》[M]. 廖七一、李小均译，上海：上海译文出版社，2012，第 219 页。

② 苏珊·桑塔格：《在美国》[M]. 廖七一、李小均译，上海：上海译文出版社，2012，第 227 页。

以多数时候个人“我”要大于集体，波格丹作为一个外国人都能够看出个人主义对于美国国家来说是至关重要的建国理念。这个波兰人成立的乌托邦社团与美国人所奉行的个人主义恰恰相反，它是一个集体，强调集体的意识。它由移民到美国的保守的欧洲人所组成，他们将此社团视作自己来到新环境后的避风港。它是一个过渡，一个由集体主义向个人主义的一个过渡。为了保持他们在波兰原有的生活习惯，这些波兰人仍信奉波兰的天主教，有着相同的宗教习惯，也践行着集体主义的生活要义，过着集体的生活。为了能够适应和对抗与欧洲观念非常不同的个人主义和自由主义，这些乌托邦集体才应运而生。但在面对美国强调个人、强调独立的“我”的大趋势和大环境时，这些集体的命运必然会因适应不了整体的局势而无法长存。虽然天下没有不散的宴席，没有长久的集体是可以永远存在的，但若考虑到美国个人主义的盛行之势就可以预测到在美国这样以宗教和移民为组织背景的公社必然会以解散收场、以悲剧结局，公社的衰落也在一定程度上象征着不敌大势的欧洲的衰落。

经过了一年多的劳作，社员们对农活已不再陌生，葡萄长得都像灌木一样带有美国特色，沙地里结出了果实，公社的一切看起来似乎都有条不紊地运行着。但在这公社平稳运营的背后却也暗流涌动，而波格丹的日记记录下了社团渐渐衰落的过程。虽然社员们熟悉了农活的操作流程，但他们却始终更想要享受宁静而缓慢的农闲生活，而并没有将注意力都集中在作物的生长上，这就决定了他们只能成为田园生活的享受者而无法成为成功的农民。社团内部有一些人员之间的矛盾也加剧了社团关系的裂痕。玛琳娜的丈夫波格丹一方面隐忍着作家里夏德对自己妻子的爱慕和追求，另一方面又很难压抑自己对年轻同性的喜爱。玛琳娜虽然忠于自己的家庭却也对其他异性的追求采取默许的态度。作家里夏德热烈地追求着玛琳娜却也时时嫉妒波格丹的丈夫头衔。波格丹的日记只是一个个人的情感记录，却从侧面反映出了社员中存在的这样那样的问题。社团成员朱利安和旺达夫妻婚姻的失败更成为了社团解散的导火索。这对夫妻向来就感情不和，但随着旺达的一次自杀未遂的行为，他们婚姻问题由隐性变成了显性，随后他们决定离开美国，回到波兰。他们的离开使得波格丹隐隐觉得社团的解散已是定数。尔后不久，另两对夫妻的离去彻底瓦解了这个乌托邦社团：亚历山大和巴巴拉也决定返回波兰，达努塔和希普里安宣布移居另一个社团——伊甸园社团。其实早在社团成立之初，玛琳娜就预感到过乌托邦社团的失败：

> “每一次婚姻，每一个社区，其实都是失败的乌托邦。乌托邦不是指某个地方，而是指某一段时光，一段极为短暂的时光，是不希望到其他地方去的极为短暂的时间。是否有一种本能，一种极其原始的、同呼吸共命运的本能？那就是最高的乌托邦。”①

她的这一预判更多地是依靠一种类似“天下没有不散的筵席”之类人生的经验而得出的结论。她认为这些类似婚姻和社区的集体之所以存在是出于一种人的本能，人的一种想要和身边的生命体互相陪伴、共同分享的本能。而玛琳娜认为与漫长的生命相比，这样的陪伴与分享必定只会是一段短暂的时光，集体的生活终将结束，这也就是她所预感到的公社会解散的结局。但是，纵使玛琳娜虽然从一开始就知晓集体公社的结局，却仍然义无反顾地投入到公社的建设中去，她深知自己是公社的核心，所以为了

---

① 苏珊·桑塔格：《在美国》[M]. 廖七一、李小均译，上海：上海译文出版社，2012，第 180 页。

公社的延续周旋于各种人际矛盾之中，可谓是费尽了心思。从玛琳娜对公社的投入能看出她的果敢和对生活的热情，虽然她早就预感到了公社的结局却仍旧义无反顾地去悉心经营这个集体公社。

这段乌托邦式的公社生活的描写占了全书的近三分之一。在情节上，它既承接了以玛琳娜为中心的一行波兰人从波兰来到美国的旅程，也为之后玛琳娜因为公社的失败和经济上的拮据而不得不回归话剧舞台做了铺垫。而桑塔格对于这一部分在艺术手法的处理上也十分耐人寻味。在叙事手法上，她首先用第三人称的上帝视角的叙事手法描写了这些波兰人初到加州时建设社团时的一举一动。这样的写作手法是相对来说比较传统的叙事手法，也可以说桑塔格在此处选取的是在现实主义文学作品中最常见的叙事角度。由于读者对于整个社团所处的环境和社团成员的个性都非常陌生，所以此时选择以第三人称旁观者的角度来描写社团成员初来乍到时遇到的生活中的一点一滴就显得非常真实而又恰到好处。这第三人称全知全能的书写之中也会非常偶尔地出现一些人物心理活动过程，比如“是把工作分配给每个人呢，还是采取自告奋勇的原则，玛琳娜举棋不定，决定干脆以身作则。”[①]但这些心理活动的描写都一带而过，桑塔格以上帝之眼的角度描绘出了个别主角的个别心理活动，只让读者蜻蜓点水似的感受到小说人物微小的心理变化。她更多地还是以旁观者的角度去交代环境和事件。比起用第三人称不动声色地介绍众多人物之间的关系，桑塔格选择用一些间歇性的人物对话描写来立体地凸显出他们之间的关系。她没有直接描述给读者这些书中人物互相之间的关系，而是呈现人物之间的对话实

① 苏珊·桑塔格：《在美国》[M]. 廖七一、李小均译，上海：上海译文出版社，2012，第162页。

景来更加生动地描绘了他们互相之间错综复杂的人际关系。比如，在小说中旺达和朱利安的关系始终是非常糟糕的夫妻关系，正是因为他们关系的进一步恶化才导致社团的失败，但是桑塔格是如何表现他们二人糟糕的夫妻关系呢？她并没有直接向读者交代此二人的婚姻状态，而是通过零零碎碎的对话就可以让读者感受到他们之间夫妻关系的不默契和不协调。例如，当社员们在讨论作家里夏德构思的小说情节时，旺达对悲剧性的结尾表示不满，她说："我讨厌悲剧性的结尾。"[①]而紧接着她的丈夫朱利安就毫不客气地批评了旺达的评价，他说："哈，没有修养的读者才会说出这样的话。"[②]没有多余的言语，这样在众人面前不给自己妻子留一点情面的刻薄评价就是对他们夫妻二人关系最直接的刻画。桑塔格在小说的写作过程中确实兑现了她在文学批评中的喜好和偏向。她尽量避免用过多的隐喻式的表达来描述她想描述的故事。她让自己笔下的故事尽可能地清晰明了，她也尽量剔除掉读者可能在阅读中加在她文本中的意义。虽然在此处的写作过程中她采用了非常传统的第三人称的叙事手法，但她的表达方式却又和传统的现实主义冗长而细致的写法有所不同，不论是对人物内心的刻画还是人物之间的对话描写她都尽可能地给读者呈现出质朴有力而又逻辑紧密的阅读感受。

桑塔格在描写公社的后半部分尝试了更加多样化的叙事手段。她用了信件和日记的形式来完成了社团后半部分的描写。她以作家里夏德给玛琳娜写的信件和波格丹的日记来充实了这个乌托邦社团的故事。桑塔格用信件和日记来充实自己之前对社团成员的心理描写，由于之前以第三人称叙事时桑塔格更重

① 苏珊·桑塔格：《在美国》[M]. 廖七一、李小均译，上海：上海译文出版社，2012，第174页。

② 苏珊·桑塔格：《在美国》[M]. 廖七一、李小均译，上海：上海译文出版社，2012，第174页。

视从外人的角度来描述社团经历的各色事件，对社团成员的心理描写只是浅浅地一笔带过，而在这部分中桑塔格以第一人称来从社团的视角立体而全面地描绘了社员们在乌托邦集体的所见所闻。如果说第三人称的书写方式让桑塔格对社团的外部有了非常详尽的描写，那么信件体和日记体的叙事方式则让读者从内了解到了社团的发展进度和社员来到美国之后的所思所想。

在信件的末尾处里夏德笔下所描绘的一个有趣的话题，那就是当他和一位老牧场主聊天时，牧场主告诉他有时觉得世界上有两个自己。一个在做着他需要做的日常的一切琐事，另一个他什么都不做就在那里凝望着第一个自己。而里夏德也对此感同身受，他也相信世界上的每一个人都有一个分身，一个在做着自己日常需要做的一切事务，另一个什么都不做却在注视着第一个自己。这样的思考让人很难不联想到拉康的凝视理论。拉康认为观看与凝视是可以分开的，观看更多的是主体的眼睛做出的看的动作，而凝视则是无处不在的，它可以是由主体发出的目光，也可以来自客体。而这种主客观视觉的转换也非常像这部小说给读者呈现的阅读效果。《在美国》始终是第一人称和第三人称的叙事角度之间进行转换，以第一人称叙事的时候就像在忙碌着日常事务的当事者在讲述自己视角下的故事，而第三人称的叙事就像那个置身事外自己讲述另一个自己的故事。

在里夏德信件之后，没有任何的过度就承接到了波格丹的日记。桑塔格甚至没有明确地告知读者这些日记是出自哪位小说人物之手就已经开始标注日记的日期，紧接着就马上开始以波格丹的口吻对每天发生在社团的事件进行记录了。这样的写法乍看起来非常突兀，它缺乏传统文学作品中的起承转合，但它却能给阅读者带来新鲜感，让被动接受故事讯息的读者开始主动地去适应叙事角度的转换并思索日记的写作来源。正是波格丹从三月二十二日开始到六月十七日结束的日记记录了这个乌托邦社团存在的最后三个月的一系列变化。波格丹的日记多短语和省略，这样的风格首先很符合个别人的日记风格，另一方面也给了读者大面积的思考留白，给读者许多想象的空间。比如从日记中可以看出波格丹是有双性恋倾向的，他一方面是著名女戏剧演员玛琳娜的丈夫，另一方面也无法抵挡一些同性散发的魅力。他在日记中记录了许多曾经吸引过他的男性，都是一些只言片语，很多都不成句子，但却像是白描一样，简单几笔就将那些他爱慕的男性的特征描绘得栩栩如生。在日记中还省略了许多故事的情节，但正是因为这样的留白才给读者更多的想象空间。例如，在朱利安与旺达这对夫妇关系进一步破裂决定要回波兰之后，这就意味着社团将要面临着第一次的分裂，波格丹在当天的日记中说他已经预感到了社团的失败。但之后的两天的日记中波格丹都只记录了一句话："今晚我什么也不想写。"[①]连续两晚波格丹都是这样记录日记的，日记中既没有当天的心情记录也没有事情进一步的描述，虽然他在日记中说自己不想写，但他毕竟还是写了，而且是连续两天写着同样的话。这样类似的表达在之前的日记中从没有出现过。读者可以从这两句写了又仿佛没写的日记中隐约感觉到事情的严重性，甚至可能严重和复杂到让波格丹丧失了书写的欲望。像这样省略的艺术在波格丹的日记中频频发生。他许多次的欲言又止既恰当地渲染了气氛、交代了必要的情节又给作者留下了合理的想象空间。桑塔格这样的文学处理手法不得不让人联想到美国作家欧内斯特·海明威的"冰山理论"，即作家的文学作品应该像在海面上漂浮的冰山一样，"用文字表达出

---

① 苏珊·桑塔格：《在美国》[M]. 廖七一、李小均译，上海：上海译文出版社，2012，第 232 页。

来的东西只是海面上的八分之一，而八分之七是在海面以下。海面下面的部分就是作家没有写出的部分，是省略掉的部分，但这一部分读者却可以感受到，好像作家已经写了出来似的。”[①]这种留白的艺术处理方式并没有存在在整本《在美国》中，而是特别明显地存在于波格丹的这些日记的小说片段当中。在这一部分桑塔格只把故事最必要呈现的部分写进了波格丹的日记中，这实际上对于作家是非常大的挑战，她必须删去不必要的言语表达，并精心地设计每一句话，以保证这些日记对于故事的情节是起到推动作用的，又要能对波格丹的内心情绪的起伏变化有准确的拿捏。这样省略式的第一人称日记体写作恰恰是丰富小说的一种极好的写作手法，它只存在于小说的部分章节之中，却赋予了小说更多的可能性，也更好地调动了读者的阅读参与性。由于最终呈现出来的文学作品只是作家完整构思的一小部分，这就要求读者更用心地去阅读才能领略作者的匠心，这样的写作方式对于作者与读者的互动体验来说也是一次尝试。

在这一部分波兰人的社团经历中桑塔格还加入了一些奇幻的元素，一些超自然的元素，比如，当这些波兰人在讨论当地的奇闻异事的时候，他们曾经谈到过在当地一家人刚刚给一百四十多岁的老人过生日的情景。又如，当桑塔格在描述玛琳娜的儿子皮奥特在加州的见闻时，她这样写道：“他每天上学回来要经过一根排水管，里面住着一家小矮人，跟皮奥特的手大小差不多，有许多小孩。皮奥特在路上经常停下来，与他们交谈，他们给他讲故事，也告诉他有事该怎么办，他就是从他们那里得到改名换姓的命令的。”[②]读者读到此处便很容易发现这大概是小孩子自己的想象

---

① 吴晓东：《从卡夫卡到昆德拉：20世纪的小说和小说家》[M]. 北京：生活·读书·新知三联书店，2007，第114页。

② 苏珊·桑塔格：《在美国》[M]. 廖七一、李小均译，上海：上海译文出版社，2012，第201页。

罢了，而桑塔格却将这些小矮人的故事不带任何解释地加到了小说中，她选择将叙事者的认知水平与孩子的认知水平放到同一级别，以第三人称旁观者的角度去描述小孩子碰到的趣事，她在和读者分享这个孩子眼中的世界，这样的艺术处理方式重新挑战了大人们习以为常的认知常识，也为小说增添了许多阅读趣味。

第五节 回归舞台

桑塔格在接受美国CBS电视台主持人查理·罗斯采访的时候，曾经表示过自己的这部《在美国》的写作灵感来自于她本人对于戏剧的热爱。桑塔格做过电影和戏剧的导演，还在电影中客串过角色，自己也写过剧本，她对于图像、摄影和电影有许多自己的思考，这必然是她选择玛琳娜的表演生涯作为文学创作素材的一个主要原因。正因为玛琳娜是一位顶级的波兰戏剧演员，桑塔格对戏剧这种艺术形式又非常喜爱，所以就自然而然地产生了创作的欲望。

小说的前半部分主要描写玛琳娜一干人等离开波兰的决定和到达美国的社团生活，没有涉及太多有关戏剧的元素。但随着社团的解散和社团成员们经济上的入不敷出终于迫使玛琳娜不得不回归到她最熟悉的戏剧舞台。毫无疑问，她在波兰是最顶级的戏剧表演艺术家，但是到了美国之后由于一年多没有接触戏剧，也由于英语的不熟练，语言的障碍使她对能否重新找回曾经舞台上那个完美的自己表示怀疑。为了重新回归舞台，她特意聘请了当地的老师纠正她英文的发音和文法，玛琳娜自己也去看不同国家的戏剧来找回舞台的感觉。桑塔格非常详细地描写了玛琳娜训练自己重回戏剧舞台的过程，大量的戏剧台词也因此而被镶嵌在小说之中。桑塔格将戏剧台词放在小说文本中的主要方式是把戏剧文本以变换字体型号的形式镶嵌在小说的文本之中，而小说承接的台词内容使用了大量的动作、声音和心理描写，还有观众的反应，以此来交代玛琳娜在念这些台词的时候应有的配套情绪和动作以及观看她排练的观众的反应。例如：

> “玛琳娜瞟了一眼坐在第十排的巴顿。巴顿正饶有兴趣地注视着她的表演。玛琳娜心想，她能否也能让巴顿潸然泪下呢？啊，疼痛加剧了。如此深爱着我的你，帮帮我吧！接着，她声音突然变得异常地温柔，不过语省中暗含着惊讶和责备：我不想死。
>
> 听了这句台词，观众无不潸然泪下。除了冷酷无情、心怀偏见的人，谁都会为之动情。玛琳娜觉得这句话在心头回荡，发觉自己从来没有把这句话说得这般真切。我不想死！她踉踉跄跄地走了几步，颓然坐下。”①

这样将剧本台词带入到小说中的写作方式不仅能让读者感觉是在看一本剧本，而且还把演员在表演过程中的一些心理活动以及观众给演员呈现出的情感反馈体现在小说中。这样一来，小说中的戏剧成分就变得十分立体，读者一改以往单一地欣赏戏剧的观众视角，能够感受到表演者在表演中内心情绪的起伏以及演员视角下观众的反应。桑塔格在此处模糊了艺术的边界，将戏剧的艺术形式融入在文字之中。文学中的戏剧不再只以剧本的文字形式呈现在读者眼前，它也可以存在在小说之中。读者的感知体系也因桑塔格的这一写作手法而得以拓宽，他们不再被

① 苏珊·桑塔格：《在美国》[M]. 廖七一、李小均译，上海：上海译文出版社，2012，第256页。

钉在观赏戏剧或剧本的观众席中，而是能够看到演员在戏剧表演之外的心理活动和情感流露。小说《在美国》中，模糊戏剧与文学的边界所带来的效果是可以让读者清楚地感知到当他们在凝视演员的表演的时候，演员也反过来正在凝视着他们。而值得玩味的是，桑塔格虽然花了大篇幅来描写玛琳娜是如何排练戏剧、找回表演的感觉的，但是她却完全地省略了玛琳娜正式的演出过程：

> "当她从两个鸽子的传说开始表演的时候(两个鸽子是情人，既温柔又忠诚……)，所有的咳嗽声消失了。表演完毕，全场一时鸦雀无声，随后才爆发出暴风雨般的掌声、喊声、喝彩声。"①

尽管桑塔格在前面玛琳娜彩排准备的过程中安排了大篇幅的戏剧剧本的台词嵌入，但在玛琳娜正式地进入舞台表演时，桑塔格却完全地省略了演出的中间过程。她仿佛只是在告诉读者"演出开始了"，紧接着就是"演出结束了"。桑塔格虽然用了观众的热情回应来衬托玛琳娜重返舞台的演出成功，但她在前面花了大力气来渲染玛琳娜为了重返戏剧舞台上所做出的努力，可是当终于到了玛琳娜重返舞台的那一天、那一刻，她竟然吊人胃口地把检验排演成果正式演出的部分彻底给省略掉了。她不按套路地把握着讲述故事的节奏，什么地方该加速，什么地方该详细有时是出乎读者意料的，却也是渗透了桑塔格的文学思考的。在这部分的小说之中，桑塔格对读者的阅读期待是有所过滤的，甚至从某种程度上说她并没有完全满足读者的阅读期待，她将读者的阅读

---

① 苏珊·桑塔格：《在美国》[M]. 廖七一、李小均译，上海：上海译文出版社，2012，第270页。

体验和一般观众的视角相重合，在写作中更突出地是观众在平日中看不到的演员的努力和他们的真实生活，而演员真正在舞台上给观众所带来的艺术呈现细节就被桑塔格省略掉了。她更多着墨的是演员的幕后，而省略了演员真正在舞台的台前表现。这种写作方式再一次体现了现代主义文学对于故事的“怎么讲”的关注。这个关于波兰舞台皇后玛琳娜的故事本身就是由一个真实的事件处理后的非虚构文学，它以现实元素为写作背景，经由艺术过滤后成为一部文学作品。这个故事的原型很多读者都已经清楚了，桑塔格小说中的情节走向也是符合真实事件的发展脉络的，但是从她对素材的取舍和过滤中读者也能发现文学的独特美感。文学不像历史和新闻报道是以让读者获取相应的知识或信息为存在的目的，从桑塔格的写作手法中也可以看出文学作品不是现实生活的镜子，它可以被赋予无限的想象和美感。小说也不同于传记，作家通过对写作素材的取舍、结构的重组和情节的加工才最终将原始的素材升华为文学作品。读者可以从新闻、传记和历史中看到这位波兰舞台皇后在台前光鲜亮丽的一面，但是通过艺术的加工，桑塔格的文学作品让这位波兰女演员的人生经历更立体、更清晰也更富美感。桑塔格正是通过这样的艺术手法的表现才把玛琳娜重返戏剧舞台的艰难过程和重返舞台后所获得的美国人民的爱戴和殊荣描写得淋漓尽致。

《在美国》的最后一章是以剧本写法来结束整个小说的。在时间上，最后一章与倒数第二章是有十多年的时间跨度，而在小说中桑塔格跳过了玛琳娜这十多年的舞台经历，直接在最后一章描写了玛琳娜在美国重返戏剧舞台十多年后的场景。具体说来就是从玛琳娜又一次演出大获成功之后，戏剧演员艾德温酗酒大醉之后的胡言乱语开始的。此时艾德温已经神志不清，大篇幅的独白一半是自言自语的絮絮叨叨，一半以玛琳娜为听众目标却又没有任何回应的自问自答。他从莎士比亚的戏剧《威尼斯商人》

《哈姆雷特》《李尔王》和《奥赛罗》说到自己的童年，又从自己的父亲说到玛琳娜的舞台表演，他甚至在独白中间还一时兴起背诵了一段《理查二世》中的经典对白。虽然他已经醉得不省人事，但是从他逻辑上断断续续的表达中还是可以依稀辨别出他主要在讲他一生的经历，一个表演失败的演员转行到导演的经历。整个一章都是由玛琳娜和一位戏剧导演艾德温的对话组成的，其中绝大部分都是艾德温在说话，玛琳娜一共只说了两句话。而且所有的动作都是放在括号当中的，这些都不符合正常小说的写作方式，而是非常明显的只有在剧本中才会出现的特征。艾德温的话语更像是戏剧中大篇幅的个人独白，括号中的行为是他或玛琳娜的相应动作，比如：

> “（坐在她对面，从椅子旁边小桌上的雪茄盒中取出一支烟。）想试试吗？肯定不？你一生中抽了多少只烟？（点燃雪茄。）一支也没抽，是吧？那也不会改变我的看法。一切都需要习惯，欢乐也好，悲伤也好。（把雪茄丢到地上。）不，不，你不要担心。（跳起来。）我还不想放火烧房子。（捡起地上的雪茄扔进壁炉。）”①

以上选段整个描写的是艾德温从拿出雪茄到抽完雪茄的过程，括号中是他每说完一句话的动作。在这个语段中他多次提问玛琳娜有没有抽过雪茄的问题，但是桑塔格没有对玛琳娜的回答有任何描写，读者只能从艾德温的独白中推测玛琳娜的回答，还有另一种可能就是她根本没回答都是艾德温醉酒之后一人在想象和作答。不管怎样，桑塔格在最后一章的前部分将玛琳娜的身影完

① 苏珊·桑塔格：《在美国》[M]. 廖七一、李小均译，上海：上海译文出版社，2012，第402页。

全淡出于艾德温的整个独白，读者能感受到的只有沉默的玛琳娜和一直在不停诉说的艾德温，只有在小说的最末尾，玛琳娜才又重新出现在小说之中，连说了两次“别说了，艾德温。”[①]艾德温进而转换了话题，整个小说也随之落下了帷幕。

最后一章是非常奇特的一种小说的结尾方式。它的特别之处首先在于桑塔格在一部小说中用戏剧的形式在讨论演员和戏剧本身，并以此作为整本书的点睛之笔。整个小说都是由不同的波兰角色的信件、日记和第三人称描等拼凑而成的故事，艾德温虽然是玛琳娜的十年老友却在小说中出现的次数并不多，直到最后这一章才对他有整章的描述，最后一章的叙事就是从一位在小说前面很少出场的美国演员的角度来结束整个故事的。整部小说都在以玛琳娜为主角，所有的剧情都是围绕着这位波兰女演员而展开的，而最后一章却极少提及玛琳娜的近况。最后一章，桑塔格只用了极少的句子交代了玛琳娜的一些最基本的情况，比如她的演出一向非常成功，在美国也一直是一位非常耀眼的戏剧演员；她的孩子已经读大学了；她和她的丈夫感情仍旧很好。玛琳娜的近况在这一章中显然成为了陪衬，最后一章真正讲述的是这位美国演员兼剧场负责人艾德温和他的兄弟和父亲作为演员的人生经历。也就是说，虽然整部小说在讲述一位享有盛名的女演员从波兰走下戏剧舞台到美国重新回归舞台的全过程，而桑塔格仅在最后一章就以艾德温第一人称的口吻讲述了三位演员一生中最高潮迭起的部分。整个小说的叙事视角又一次的变换，最后一章包含了作为演员来讲许多惊险到极致的表演经历和生活经历，比如艾德温父亲在表演中突然开始疯癫的情形、他的兄弟刺杀美国总统林肯的前因和后果以及艾德温自己在演出过程中曾

① 苏珊·桑塔格：《在美国》[M]. 廖七一、李小均译，上海：上海译文出版社，2012，第407页。

被暗杀未遂的整个过程。而在这些人的人生经历中有一件事和美国的一个非常重要的历史事件相重合，那就是美国前总统亚伯拉罕·林肯被刺杀的事件。历史上，美国总统的确是在观看戏剧的过程中被一位颇有名气的演员刺杀致死的。而这名演员就是小说中艾德温的亲生兄弟——约翰·布斯。桑塔格在小说中对于这段史实的描写正可以体现出文学之于电影来讲非常独特的一个地方。随着时代的发展，文学这项艺术形式不断受到电影的挑战，越来越多的人更倾向于有更多感官化刺激的艺术形式。但此处桑塔格的艺术处理方式较好地反映出了文学可以重新安排时间的长短的这一特质。电影中的故事的时间顺序纵然可以被随意排列，事件呈现的总长度也可以因为一些细节的取舍而自行定义，但是电影中事件本身的时间长度和现实生活中的时间长度多是一致的，而文学中事件发展的时间长度却可以依仗于作家的创作选择而大幅度的自由伸缩。作家们可以根据写作需要选择用十几页甚至几十页的篇幅来描述一个房间的精巧布局，也可以用三两句话带过一个人物的一生。桑塔格在此处可以将这么多如此惊险绝人的故事用几句话就呈现给读者就是在自行缩短故事的时间。比如："约翰刺杀林肯的时候，我正在波士顿演出。"[①] 桑塔格在此处并没有让艾德温详细地讲述他的兄弟刺杀林肯时的细节，而是用短句非常简要地交代了事情的发生以及艾德温的缺席。桑塔格在小说中对此也给出了一个非常合理的解释，那就是艾德温不在现场。她通过叙事者视觉局限的合理解释避开了故事本应最高潮的部分，也避开了读者最耳熟能详的部分。这是桑塔格在小说《在美国》中经常使用的一个写作技巧。她又一次省略了最精彩的部分，给读者留下最大的想象空间，之后再去强

① 苏珊·桑塔格：《在美国》[M]. 廖七一、李小均译，上海：上海译文出版社，2012，第 397 页。

调事件的结果和所带来的影响。更有趣的是，越到结尾桑塔格用的句子便越短，甚至在最后出现了许多以句号结尾的小短句和非常口语化的表达，比如："我不是泥古不化的人。我也讨厌空洞的重复。但我不喜欢临场发挥。演员不能只是虚构。此时此地我们能否彼此承诺，要创新的时候，首先告诉对方一声？我们的旅途还很漫长。"[①]这样的表达暗示着艾德温不断严重的醉酒程度，也预示着故事将要接近尾声。在整个最后一章中桑塔格就是用这些小短句帮助作家惟妙惟肖地讲述那么多戏剧表演者扣人心弦的故事，小说最后也以短句的形式落下了帷幕。虽然"旅途还很漫长"，但故事终将结束。

① 苏珊·桑塔格：《在美国》[M]. 廖七一、李小均译，上海：上海译文出版社，2012，第408页。

第五章　写作的另一种可能：短篇小说《我，及其他》

《我，及其他》是由十篇短篇小说组成的小说集，该小说的其中一篇《我们现在的生活方式》更是入选了由约翰·厄普代克和卡特里纳·凯尼森编选的《世纪美国最佳短篇小说集》。和桑塔格同时代的美国作家中有许多都非常擅长写短篇小说，像约翰·契弗、弗兰纳里·奥康纳、雷蒙德·卡佛等都是具有高知名度的短篇小说作家，而桑塔格的短篇小说到底特别在什么地方，为什么能脱颖而出地入选美国著名作家们所评选出的优秀小说集呢？总体来说，桑塔格这些短篇小说的行文安排风格多变，小说的故事都是从美国人的角度来对世界和身边事的生动描绘。和她的小说《在美国》相似，她的短篇小说也不循规蹈矩，其中的故事选材角度多别具一格，文学形式新颖多变，艺术手法更是具有先锋性和实验性。如果说读者能从她的长篇小说中看出一位小说家以实验性的写作方式对整个故事布局和章法的优秀掌控能力，那么读者也不难从这些短篇小说中发现桑塔格深刻的人文关怀。她的短篇小说没有让其实验性的创作手法架空于故事本身，而是能让读者在体验现代小说写作手法多样性的同时，也能感受到世界的多种可能性。接下来本书就将以小说集中的两篇短篇《中国旅行计划》和《我们现在的生活方式》为例，试着研究一下桑塔格短篇小说的匠心之处。

第一节　《中国旅行计划》
——一部自传性的短篇小说

《中国旅行计划》是桑塔格的一篇带有浓厚自传性质的短篇小说。桑塔格是一个对中国文化非常感兴趣的美国作家，她的文学作品中曾多次出现有关中国的意向，比如她在小说《在美国》中为了比较西方戏剧和中国戏剧的异同，曾十分具体地向西方读者描绘了中国京剧的基本规则：

> "中国戏剧不用考虑哪边是出口，哪边是入口：演员小跑步从左边的布帘后上台就算是上场，小跑步从右边的布帘下台就算是退场。中国戏也不着力于刻画人物的内心情感：红脸一看就是英雄豪杰，白脸一看就知道残忍狡诈。他们也不需要任何布景：需要什么东西，有人会送上台；演员要换装，只须稍稍站在一边，就有人来换装，不用……"①

这里中国意向的出现很好地丰富了小说中的戏剧描写的多样性，为读者带来了异域化的阅读感受。文学评论者常将出现在西方文学作品中的东方意象解读为西方人的乌托邦情节，这些东方元素在丰富了读者的阅读体验的同时，也流露出西方人对于东方世界的好奇和对现实世界的不满。《中国旅行计划》一方面符合文学评论者们作出的这种分析，它包含着西方人对于想

---

① 苏珊·桑塔格：《在美国》[M]. 廖七一、李小均译，上海：上海译文出版社，2012，第244页。

要探索充满未知的东方国度的期待之情，另一方面故事中的主人公却又相比以往文学作品中的人物更加了解同一时代的中国。也就是说，故事已经不再局限于西方人对于中国的凭空想象，在这些想象背后也夹杂着叙事者对于和她同一时代的异域国度的一些思考和见地。小说中的主人公向读者介绍了自己和中国的渊源，虽然她还未去到过中国，却已经对中国文化、中国习俗以及正在中国发生的事情有了非常清晰的了解。西方文学史上，有许多作家喜爱将中国元素和中国背景加入到自己的文学作品之中，比如比利时作家阿·诺冬的《爱情与破坏》、英国作家詹姆斯·希尔顿的《消失的地平线》、以及英国作家毛姆的多部文学作品都是以中国为大的叙事背景而进行创作尝试的。其中最出名的要数毛姆笔下的中国，他偏爱用中国意向作为自己的写作素材。他的《在中国屏风上》是一本游记随笔，该游记缘起于 1920 年毛姆的一次中国之行而引发的创作灵感，它描绘了西方人眼中古色古香、极具东方韵味的泱泱大国的风采；他的小说《面纱》更是以中国云南为地理背景，加之文学化的处理方式，为读者呈现出了两个西方人在东方发生的可歌可泣的爱情故事。

桑塔格的这篇短篇小说掺杂了自己的成长经历。她本人虽然生在纽约，但她的生命却是在中国孕育的。桑塔格的生父曾常年在中国天津做皮毛生意，后不幸染上肺炎，在她六岁那年于中国去世。这些自己父母在中国的经历和这部小说主人公父母的经历都完全吻合。故事中的“我”声称自己从未到过中国，但正是自己父母和中国的不解之缘使她从小就对中国就有着特殊的情愫，也使得她的童年记忆始终和许多中国元素交织在一起。“我是多么急切地想出发去中国呀！甚至在动身之前，我的一部分已经踏上了把我带往其国境的漫长履行了，已经游览了那个国家，而且离开了。”[①]文中的叙事者没有到过中国，这一切都是“我”将要去到中国的旅行计划，但其实“我”身未动却心已远，身在美国却已经知晓了有关中国的许多事情。

一、中国的“远”与“近”

中国对于童年时期的“我”来说是一个遥不可及的国度，它在地球上美国的另一端。为了拉进“我”与中国的距离，儿时的“我”幻想着走捷径垂直地从地球的一端到达地球的另一端，便在后院中挖了一个深深的通往中国的洞。纵使洞再深邃也当然不足以让故事的主人公去到中国，但她是如此迫切地想要去往中国，以至于虽然挖洞的计划失败了，但她也并不气馁，始终相信自己有朝一日一定会去一次中国。故事的主人公从小就对于出现在她生活中的中国物件非常留意，她喜欢吃百年蛋（松花蛋），对中国的宣纸水墨画、佛像和翡翠的手镯都非常欣赏。中国对于这位西方人来说非常遥远，甚至遥远得已不再真实，它只能出现在叙事者的想象中和周围中国制造的物品之中。“中国是种种物品。却是不在场的。”[②]这就是中国给童年的“我”所带来的感觉。虽然周围的中国物品经常能引起“我”的兴趣，但中国对于主人公来说却仍旧是遥不可及的，它始终缺席于主人公的真实感知世界，“我”在文中经常不由得表达出这种满眼尽是中国物却又无法到达中国的遗憾之情。中国除了存在在“我”周遭的装饰之中，也根植于“我”长久的想象之中。“我”曾不止一次地想象自己的父母是《了不起的盖茨比》中的男女主角，他们是书中去往陌生国度的盖茨

① 苏珊·桑塔格：《我，及其他》[M]. 许天池、申慧辉译，上海：上海译文出版社，2009，第 31 页。

② 苏珊·桑塔格：《我，及其他》[M]. 许天池、申慧辉译，上海：上海译文出版社，2009，第 13 页。

比和留在美国的黛西。“我”甚至还怀疑过母亲从加州搬家到夏威夷是因为她想要“我们”能离中国更近一些。这位儿时的主人公长久地生活在对于中国的想象中，还曾编织了一些有关中国的谎言。“我”记忆中说的第一个谎话就是告诉同学自己是在中国出生的。正是由于中国始终缺席于“我”的真实生活中，所以才给“我”留下了非常广阔的想象空间。中国的“远”之于“我”的感受的确有西方人对于未知世界的乌托邦情节，而这篇文章的独特之处也正在于它始终是一个“计划”，且是一个未完成的“计划”。正是这样的一个旅行的计划才赋予了这篇小说极其丰富的可能性。

对于叙事者来说，中国由“远”及“近”的一次转机是缘于中国政府发出的旅行邀请。在小说的第五部分之后，中国的意向不再只出现在“我”那遥远的童年回忆中，封印在物品中的中国也终于渐渐活了起来。虽然此部分之后的小说仍然夹杂着“我”的许多儿时回忆，但近代中国在这位西方人心中的轮廓已更加活灵活现地跃然于纸上。桑塔格在此处提到了英法联军侵略中国时遭到洗劫和焚毁的中国，提到了红军两万五千里长征时的中国，还提到过《人民日报》报道的外科截肢手术成功案例中的中国，也提到了“文化大革命”中知识分子上山下乡运动中的中国。“在我等待的时候，在他们中国，那个辫子中国，蒋介石的中国，以及人口多得数不清的中国，已经变成了乐观主义的中国，有光明的未来，多得数不清的人们穿着蓝布衫和尖顶帽。”[①]在“我”长大的过程中，也就是在“我”还在等待着去到中国的过程中，中国已经有了很大的变化。仅是这简单的一句话就将清朝的灭亡、国民党的落败、以及共产党的执政勾勒得一清二楚。近代中国的重大变革都被等待着去往中国的“我”看在眼里，也都被包含在这简单的一句话

---

① 苏珊·桑塔格：《我，及其他》[M]. 许天池、申慧辉译，上海：上海译文出版社，2009，第 20 页。

中。"我"还了解道:

> "早已不再裹脚的妇女举行各种会议'诉苦',指责男人。孩子们背诵反帝童话故事。战士们选举或罢免自己的长官。少数民族获得一定限度地保持本民族习俗的许可。周恩来依然是清瘦而英俊,如蒂龙·鲍尔;而毛泽东则有点像台灯罩下面的胖佛像了。人人都很平静。"①

中国在"我"这里突破了它曾给西方人带来的刻板印象,"我"看到了一个平静的中国:中国妇女已经摆脱了在西方人眼中的小脚妇人的畸形形象,在性别平等方面争取到了一定的权利;"我"还看到了孩子们和战士们的改变,也看到了少数民族在中国一改以往的边缘地位所受到了平等的待遇;中国的国家领导人在"我"的眼中也被调皮地具象化了,周恩来总理英俊得像电影明星,毛泽东主席像慈祥的佛祖。要知道在一位西方人的眼中能观察到中国的这些积极变化并不是一件容易的事,特别是在其小说的情节安排中,在"我"还没有到访过中国的情况之下,"我"对中国的了解势必多来自于书籍、音像制品以及大人们口中的中国,而在那样一个大国之间因意识形态敌对的当下,小说中的"我"并没有用西方人固有的有色眼镜来观察中国,而是极富包容心地在观察一个遥远的东方国度的变化。在"我"正在憧憬于中国的"光明的未来"之时,"我"也为中国的那次文化变革深感惋惜。"我"清晰地看到了那次文化革命对于中国艺术的影响,它使曾经在艺术方面追求极致复杂和极致精美的中国艺术变得彻底的简单化,中国的智慧也随之变得越来越简单化,人们在道德上保持着整齐划一的

---

① 苏珊·桑塔格:《我,及其他》[M]. 许天池、申慧辉译,上海:上海译文出版社,2009,第17页。

队列。在深表遗憾的同时，叙事者也开始想象自己真正到达中国后的情形：

> "从那时起，我将落在一个委员会手中。我的东道主们。我的文质彬彬的官方维吉尔。他们控制我的旅行日程。他们知道应该让我看些什么，清楚哪些东西适合我看；我将不与他们政变。可是当他们请我补充一些建议时，我要说的是：越往北越好。我希望再近一些。"[1]

她把将要去到中国的旅行比做但丁《神曲》中的奇幻旅程，将中国的东道主们比作《神曲》中富有智慧的向导——维吉尔。她非常清楚由于当时中美两国政治形态对立的限制，她不太可能随心所欲地去旅行，因此她每一站的参观内容都将被提前策划好，她所看到的将是别人希望她看到的，虽然会缺少旅行的自主权，但她太迫切地想要完成自己儿时的愿望了，她可以接受这样的安排，只是希望能在中国走的更北一点，更深入地了解中国一点。"我"还希望在旅行中能够抵御住将过多的中国物品带回美国的诱惑，原因是"我"的脑海中已有那么多中国的东西，已无需承载更多的中国物品了。

而在文章的最后，"我"感到这次旅行会被历史所包围，因为中国是一个历史太过悠久的国家，而此次旅行的成果很可能是获得与历史有关的知识，也可能是围绕历史而产生的文学。如果一定要让"我"在知识和文学之间有所选择的话，其实"我"宁愿选择文学："那么，就文学吧。如果必须的话，事先和事后的文学。文学不能把我从这次被过度掌控的旅行所要求的圆滑和谦卑中释

---

① 苏珊·桑塔格：《我，及其他》[M]. 许天池、申慧辉译，上海：上海译文出版社，2009，第 30 页。

放出来。我担心会泄露出许多矛盾百出的要求。”[①]虽然“我”已经做出了选择，在旅行的产物——文学和历史中选择了文学，但还是很担心文学不足以能够让自己从这次可能被过度安排的行程中得到内心的释放，也担心文学中会泄露出自己伪装在表面顺从之下诸多矛盾的心理疑问。所以“我”觉得能够帮助自己解决这种文学带来的矛盾的方法就是寻求一个折中的办法：“既求知也不求知。文学和非文学，运用同样的文字表达姿态。”[②]虽然在历史和文学中，“我”毅然地选择了文学，但是却希望在文学中保持一个中立的姿态，那就是用一种半文学的方式来表达自己的姿态，而以《中国旅行计划》这篇短篇小说的文学呈现形式来看，其实就是以一种折中的一半正式、一半随性的姿态来创作的文学作品。从这个角度看，在文章的最后正是桑塔格借由叙事者之口交代出了以独特的艺术形式来创作这篇短篇小说的主要原因。

二、“求知也不求知，文学和非文学”

“求知也不求知，文学和非文学”其实正是这篇小说的主要写作方式。从严格意义来讲，其实《中国旅行计划》不是一篇典型的短篇小说，它的写作技法跳脱于惯常的文学规则，它是一篇介于日记、随笔、散文和小说之间界限相对较为模糊的非典型短篇小说。（在本书的第三部分中已经讨论过有关桑塔格文学界限模糊化的论题，在此也就不再赘述。）桑塔格看出了文学内部边界模糊化的趋势，而在她这篇小说中“求知也不求知，文学和非文学”的创作理念也恰恰为读者呈现出了文学边界模糊化的一个范式。

---

① 苏珊·桑塔格：《我，及其他》[M]. 许天池、申慧辉译，上海：上海译文出版社，2009，第32—33页。

② 苏珊·桑塔格：《我，及其他》[M]. 许天池、申慧辉译，上海：上海译文出版社，2009，第33页。

究竟用怎样的写作手法才达到她的这种所谓的“求知也不求知，文学和非文学”的写作效果呢？首先来看“求知也不求知”，短篇小说中会时不时地出现一些有关于中国的常识，特别是与《毛泽东语录》有关的一些讨论。增加这些常识性板块的写作目的并不是为了填补读者特定领域的知识储备，而是围绕着小说的情节发展填设的扩充内容，旨在让在读者在阅读故事的同时，也能感受到异域文化的多样风采。许多西方人都对《语录》非常感兴趣，他们多出于一种好奇，觉得这想必是中国智慧的结晶所以才会大范围地在中国被人们口口相传，作家桑塔格显然不只停留在对《语录》感兴趣的这一层面，她对《语录》显然有一些更深层次的理解，在自己的小说中为读者进行了更进一步的讲解和讨论，比如：

> “‘人总是要死的，但死的意义有不同。’中国古代有个文学家叫司马迁的说过：‘人固有一死，或重于泰山，或轻于鸿毛。’
>
> ——这不是《毛主席语录》中列出的那段引话的全部，却是我此刻所需要的全部。
>
> ——注意，即使在毛泽东的这段被截到了的语录里，也是引语套引语。
>
> ——这段引语中被我省略了最后一句话，表明值得向往的是有分享的死，而不是轻飘飘的死。”①

在提到“我”父亲在遥远的中国去世的时候，桑塔格列出了毛泽东主席引用过的史学家司马迁的这句名言。小说中的“我”同意这种中国古代衡量人的人生价值的说法，“我”也希望能够通过自己

① 苏珊·桑塔格：《我，及其他》[M].许天池、申慧辉译，上海：上海译文出版社，2009，第20—21页。

去往中国的旅程查访到父亲当年待过的地方和做过的事情，为“我”父亲的人生增添一份价值。其实明明只是想要讨论“我”的旅行对于去世的父亲的意义，但这里却引用了中国的一句古话，还引经据典地向读者解释出这句古话又在《语录》中被引用的来龙去脉。类似的地方还有很多，桑塔格在这篇文章中为文学注入了许多类似于知识的营养成分，但前提是这样的知识必须是围绕着小说情节而展开的讨论。桑塔格本人是非常反对从知识的角度来衡量文学的艺术价值的，她在此小说中也反复提及人类虽然需要知识，但“人民还渴望着其他别的滋养。”[①]这个所谓的“别的”就包含了艺术的滋养，当然也包括文学的滋养。由此看来，“求知”是以知识的形式增添了文学的风采，而不是为了“求知”而“求知，”以“求知”手段达到的目的其实是“不求知”，这就是桑塔格所说的“求知也不求知”。

而她所说的“文学和非文学”则主要体现在小说的非典型写作手法上，该小说并没有严格遵照一般小说的写作方式而进行创作，首先它的文本的编排方式就非常特殊，整篇小说是由许多个小段所组成，而段落和段落之间还各自独立、留有空白。小说在写法上并没有非常连贯地讲述故事，情节多是破碎的，也常常被一些碎片化的讨论所打断。但这些看似杂乱无章的铺陈叙事却有着深层的问题意识和极强的向心力，在逻辑上是那样的丝丝入扣、不留缝隙，比如：

> “那位死在美国的没有点出姓名的奥地利犹太避难者，出自他的第二句隐喻的前半部分说：‘人本身乃是我们时代的问题；有关个人的诸种问题正在消失甚至遭到禁止，从道

① 苏珊·桑塔格：《我，及其他》[M]. 许天池、申慧辉译，上海：上海译文出版社，2009，第28页。

德上加以禁止。’

我并不害怕去了中国就会变得简单。真理是简单的。

他们将要带领我参观一些工厂、学校、集体农场、医院、博物馆和水坝。还要举行一些宴会和芭蕾舞演出。我将无法一个人独处。我要时常报以微笑(尽管我不懂汉语)。

那未说明出处的引语的第二部分是：‘个体的私人问题已经成为诸神的笑料，而且他们缺乏同情之心并没有错。’

毛主席说：‘反对个人主义。’道德大师。”[①]

这一整个选段是由五个小段组成，每个段落各自独立，段落和段落之间在排版上也留有间隔，这其实是桑塔格非常擅长和熟悉的札记的写作方式。札记本来是读书笔记的一种，是作者针对某些书籍或文章写下的评论性感想和心得的写作方式。札记的书写方式非常灵活，它不拘泥于固定的写作形式，方便作者调动手边的资源将阅读的体会和感受记录下来。桑塔格在《关于“坎普”的札记》中就用了札记的这种写作方式来论述有关于“坎普”的各综观点。这五个札记的段落看似各成一体却又在逻辑上排列得十分紧密，都是在描述现代社会个人主义不断让位于集体主义的大趋势。现实世界中集体主义的壮大和个人主义萎缩的现象体现在中国旅行故事中就是“我”预感到了去往中国的旅程将被带往参观各种各样的集体活动，很少有机会自己独处。中国确实是集体主义大于个人主义比较典型的国家之一，奥地利犹太避难者的话和《语录》中的话遥相呼应正印证了中国集体主义盛行的现实情况。正是札记的这种灵活的写作方式使故事与讨论紧密地结合在一起，形散而魂不散地讲述了“我”在中国旅行中将会碰触到

① 苏珊·桑塔格：《我，及其他》[M]．许天池、申慧辉译，上海：上海译文出版社，2009，第23页。

的更深层次的现实中国。这篇小说非典型性的写作手法还体现在叙事形式的多样化上,就比如桑塔格甚至在小说中结合了中国的风水和自己的想象制作出了一个表格:

"西南。西南。我的荒漠的童年,失去平衡,干燥而酷热。

我一直在思考下列的中国对应物:

木	火	土	金	水
蓝绿色	红色	黄色	白色	黑色
春	夏	夏末/秋初	秋	冬
绿色	红色		白色	黑色
龙	鸟		虎	龟
怒	乐	怜悯	哀	恐惧

我愿意处于中心。

中心是土,黄色;它从夏末一直延续到初秋。它没有鸟,没有动物。

怜悯。"①

传统小说当然是以文字的形式进行叙述,但桑塔格在这里还加入了图像和表格并结合了自己的想象来向读者更加直观地介绍了中国的风水学说。这个表格的设计很明显带有桑塔格的自传性质,她的童年正是是在干燥而酷热的美国西南部的加州度过的。文中的"我"幻想自己可以通过挖地洞而从美国到达中国,也幻想着中国各个方位对应的颜色、季节、动物和情绪。在到达中国之

① 苏珊·桑塔格:《我,及其他》[M]. 许天池、申慧辉译,上海:上海译文出版社,2009,第9页。

后，“我”渴望着能待在中国的中心，因为在那里没有动物，所以是值得“怜悯”的。桑塔格在此处以“我”联想的中心为例，一语道出了这副图表的内在逻辑。相比文字，图表更形象地体现出了作者丰富的想象力。相比语言，图表也留给作者更大的想象空间，它让作者的想法不再禁锢在文字之中，赋予了短篇小说更多的可能性。桑塔格用她那非典型的小说写法呈现出了“文学而非文学”的创作效果。

第二节 《我们现在的生活方式》
——一部以隐喻反隐喻的短篇小说

正是苏珊·桑塔格的这篇短篇小说——《我们现在的生活方式》（*The Way We Live Now*）入选了由约翰·厄普代克和卡特里纳·凯尼森编选的《世纪美国最佳短篇小说集》。这篇小说的名字来源于英国作家安东尼·特罗洛普（Anthony Trollope）在1875年出版的一部同名小说（中译本名为《如今世道》）。特罗洛普在《如今世道》中用讽刺的笔法写出了十九世纪英国人人都围着钱转的生活方式，而桑塔格在同名短篇小说中也描绘出了二十世纪末、二十一世纪初期美国人生活中的非常重要的一个关键词——疾病。桑塔格同样用辛辣的笔法讽刺了当今社会的人们在面对疾病时候的种种反应。

这篇短篇小说主要描述了一位患有艾滋病的白人男子从被确诊为艾滋病初期朋友们的恐惧茫然到接受治疗之后朋友们的坦然与释怀的全过程。这些朋友在故事中的心理状态是多层次的，伴随着“他”身体状况的变化，这些朋友们之间的关系也在微妙地变化。故事中“他”经历了住院、出院回家、再次入院和即将出院的全过程。“他”的病情恶化，住进医院，这些朋友们就会变得尤为团结，每个人都身体力行地参与进他的治疗过程并想方设法地给他带来快乐。而当“他”的病情稍有好转的时候，这些朋友之间的芥蒂也渐渐显露出来了，他们之间的关系也没有在医院时那么紧密了。这样的安排使得疾病仿佛替代了“他”而成为了他们真正意义上的朋友，他们之间关系的亲疏远近全都取决于疾病的恶化或好转。

一、艾滋病的隐喻

有趣的是虽然小说是围绕白人男子“他”的患病过程而展开描述的，但这位白人男子却从来没有独立地在小说中被描写过，“他”的每一次出现都是和谈论“他”病情的朋友们的名字连在一起的。小说中出现了这位缺席的主人公的二十四位朋友的名字，虽然他们中的一些没有在小说中直接发出过任何言论，是他人被议论的对象，但正是通过这些男主人公朋友口中的议论和八卦读者才能够了解这位艾滋病病人整个的患病过程和治疗过程。比如，

> “麦克斯对艾兰说，一开始他只是体重下降，只觉得有点儿病了；克里格说，而且他并没有去看医生，因为他还想或多或少地保持同样的工作节奏；可是坦娅指出，他的确戒了烟，这暗示他害怕了，也暗示他比他意识到的更希望健康，或者说，希望更健康一些；奥康说，也许说不定他只是想恢复几磅体重而已；坦娅还说，他对她说过，他期望去爬墙（人们不是都这样说吗？），然后惊喜地发现他一点儿也不留恋香烟，而且为多少年来肺部第一次不再感到疼痛而洋洋得意。”①

① 苏珊·桑塔格：《我，及其他》[M]. 许天池、申慧辉译，上海：上海译文出版社，2009，第265页。

这是这部小说最容易辨认，也是最具有特色的写作手法，桑塔格在这部小说中从来没有让这位艾滋病病患单独出现过，这位男性主人公在整部小说中的称号都是“他”，绝大多数时候他都是在“某某说”的内容中出现的，“他”的病情进展、精神状态以及生活喜好等等只在“他”朋友们的话语当中出现。也就是说，读者只能通过这位白人病患朋友们口中的只言片语拼凑出这位艾滋病患者在医治过程中所经历的一切。从上面一个语段中读者还可以看到小说的写作手法非常特别，标点符号完全不符合正常的规范，人和人话语之间的转换并没有特定表示停止的标点符号用以隔离话语。文中句号很少出现，多是逗号和分号在起到隔离话语的作用，正是这样的写作手法才更能让读者感受到讨论疾病的话语给人带来的压迫感，有种让人无法喘息的感觉。桑塔格在文中虽然没有直接讨论艾滋病隐喻的这一话题，但却通过小说主人公朋友交谈中所蕴含的疾病的隐喻来让读者切身地体会到疾病的隐喻给人带来的压迫感。

从这些病患友人的交谈中，读者可以模糊地了解到“他”的一些基本情况：这位患者是一位男性，大概三十岁左右，有一份体面的工作也有着可观的收入。“他”住在美国纽约曼哈顿中心街区的一座大厦的顶楼里，家中十分宽敞，还爱好收藏。“他”是单身汉，也是双性恋者。通过朋友们的交谈能看出对于“他”所患病的惋惜之情，他们竭尽全力地想要男主人公保持心情愉悦，所以分配了好了时间段轮流探病。书中所出现的主人公的二十四位朋友的名字首字母的拼写连在一起正好是英文字母表中的 A－Z。“他”的这些朋友们在心理上接受这位白人男子的疾病是有一个循序渐进的过程的，从他们最初的忐忑不安，到后面的慢慢接受，桑塔格将这一系列的转变拿捏得非常准确。这二十四个字母的安排显然不是巧合，而是桑塔格在和读者开的一个隐喻的小玩笑。这些 A－Z 的朋友们说的话正好构成了英文字母表中的全部字母元素，她想通过这些朋友口中的话语让读者切身地体会到什么是疾病的隐喻，疾病的隐喻有多可怕。这是一种戏仿的写作方式，桑塔格正是通过隐喻的写作方式让读者感受到疾病的隐喻的消极影响。例如，小说中的这样一段描写正好展现出了疾病的隐喻中疾病被夸大其词之后的效果：

> "……因为医院病房里被鲜花塞得满满的，你简直连一枝花也塞不进去了；凯蒂笑着说，你肯定在夸大其词，人人都喜欢鲜花的。是呀，昆廷尖刻地说，在这种时候谁又不夸大其词呢。你不觉得这本身就是夸大其词吗。"①

选段中的第一个"夸大其词"确实是夸张地形容病房里面鲜花簇锦的一种说法，但之后又连续出现的两次"夸大其词"其实指的就是人们在讨论艾滋病的时候夸张的话语。虽然"艾滋病"这三个字从始至终没有在文章中出现过，但是它的隐喻却在反复出现，这些隐喻就是疾病的夸大其词。人们忘了艾滋病患者也在承受着巨大的苦楚，忘了因为艾滋病的多种传播方式每个人都是有患病风险的，忘了其实它也是疾病的一种，只是尚未完全找到医治的方法。但当这些小说中的人物们近距离地接触到这种疾病时，才发现其实它并没有自己想象的可怕。自己之所以觉得艾滋病如此恐怖是出于道听途说的结果，其实有些时候疾病的隐喻相比疾病本身更恐怖，更容易摧毁病人的精神健康。而当文中患者的朋友们发现自己的朋友在患病之后的精神状态并没有想象中糟糕的时候，他们发出了这样的感慨：

---

① 苏珊·桑塔格：《我，及其他》[M]. 许天池、申慧辉译，上海：上海译文出版社，2009，第267页。

“对呀，坦娅说，你不觉得我们和他，和那种病在一起更自在了吗，因为想象中的疾病比现实中生病的他可怕得多，而且我们都爱他，以我们各自的方式。珍说，我知道对我来说，他的生病使这种病不再神秘，我也不像他生病以前时那么害怕，那么心惊胆战了。”①

按照桑塔格《疾病的隐喻》中的说法，疾病一直都在被当做死亡、软弱或者惩罚等的隐喻。相比其他疾病，艾滋病的确是一直以来世界级的人类难题，也正因如此它也承受了更多的舆论的压力。而当这些朋友们在实际中接触了艾滋病病人之后，他们才发现艾滋病远没有他们之前听说的那么可怕。艾滋病一直都是许多发达国家偏执者们表达自身种族高级性的一种认知，他们将艾滋病看作第三世界国家对发达国家的入侵，许多人甚至认为原始的艾滋病只有第三世界“低级”血统的人类才会患病。艾滋病因此而沾染了种族主义的色彩。而小说中的主人公与艾滋病给人留下的惯常印象是相反的。艾滋病往往会让人想到第三世界的贫穷或者是个人生活的不检点。《我们现在的生活方式》中的男主人公首先是生活在美国的白人，不仅如此，他还是白人之中的佼佼者。通过主人公口中的商讨，读者不难看出这位主人公是生活在美国第一大城市中最好的街区。他非常有魅力，交友非常广泛，在他生病期间病房里的巧克力和鲜花不间断地供应。故事中的安排正好和现实中艾滋病给人带来的种族主义入侵的感觉全然相反，它仿佛在告诉读者我们生活在这个时代中的每个人都没有什么不同，白人也可以被感染艾滋病，白人中的富人也可以患有艾滋病。艾滋病并不像种族主义者们想象的那样只存在于那些

① 苏珊·桑塔格：《我，及其他》[M]. 许天池、申慧辉译，上海：上海译文出版社，2009，第 277 页。

“低级”血统的人类中。《我们现在的生活方式》就向读者呈现出了生命的平等性，因为小说中主人公的许多朋友都和他保持着亲密关系，所以这些人在为这位富有的白人男子的患病表示哀叹和惋惜之时，也不免为自己的身体状况感到深深的担忧，因为他们其实也有患艾滋病的风险，正像小说中所说每个人在疾病面前都是平等的。

《我们现在的生活方式》是一篇由疾病来象征现代人的生活状况的小说，整部小说也散发着死亡的威胁。文中间接而含蓄地透露了除了男主人公之外，他的几位朋友也感染了艾滋病，甚至还有一位叫麦克斯的男性病人已经由于病情的恶化而永远地离开了这个世界。也就是说，在这个故事中不光是“他”有生命的危险，而“他”身边的许多人也在面临着死亡的威胁。耐人寻味的是，虽然整个故事都是围绕着艾滋病的患病情况而展开的，但在小说中自始至终没有人说出“艾滋病”这三个字，这个词语仿佛是他们之间的默契，也是他们当中不可说的一个禁忌。在这一点上，桑塔格将艾滋病因其隐喻给人带来的羞辱感和禁忌感描绘得淋漓尽致：

> “斯蒂芬坚持说，这是令人鼓舞的，从一开始，起码从他终于听劝说给医生打电话那时起，他主动说出了病的名字，经常地并且轻松地读出那个词，仿佛它不过是一个普通的词，就像男孩儿、画廊，或者香烟、钱和交易一样，波罗插话说，就像没什么了不起，斯蒂芬接着说，因为说出那个病名是健康的迹象，说明一个人能够接受自己的现实，人不可能长生不死，永不生病，不能逃脱生老病死，总之自己不是例外，也说明他愿意，真的愿意为自己的生命去战斗。坦娅补充说，我们也必须说出那个病名，经常说，我们不能在诚实这方面落在他的后面，或者让他感到他已经为了诚实而努力过

了，这件事他已经做完了，可以干别的什么了。”[1]

虽然“艾滋病”这三个字从来没在文章中出现过，读者只能从病人的病情和朋友们所谈论的传染方式中推测出“他”所患的是艾滋病，但故事中的“他”和这些朋友们显然对艾滋病的名称比原来更坦然了。这些朋友们这么复杂的心理活动和行为变化都被桑塔格浓缩在了这么一小段的谈话当中：从最初地羞于将病名说出口，到慢慢地意识到自己的怯懦，再到鼓起勇气准备坦然地说出病名，这样复杂的心理转变都被纳入到“他”的朋友们讨论的内容中。这是桑塔格选择用这样一种多人讨论的方式来陈述故事的优势所在，小说可以快速地进行叙事视角的转换，故事的发展和人物的心理活动都可以显得更为立体。读者在阅读全程了解到的信息都是第三手的讨论情况，这样的行文安排在感受上拉开了故事与读者的距离，让读者始终没有直接地了解艾滋病和这位病人的情况，也使读者在不知不觉中也围绕在了疾病的周边。当读者自己思考有关艾滋病的问题或评价这部小说的情节故事时也会不自觉地成为隐喻的一部分。

在文学意向当中，艾滋病不像梅毒和肺结核一样可以富有一定的浪漫色彩，它与死亡的关系如此紧密，使得它在人们心中更像是自然对人类的一种惩罚。因为艾滋病传播的途径之一是性传播，部分艾滋病感染者有同性恋倾向，所以许多民众都认为染上艾滋病的人大多数都是咎由自取，是不值得怜悯的。许多艾滋病患者被暴露身份之后过着相比隐蔽患病更痛苦的生活，他们更易受到被骚扰、被迫害的威胁，原因就是对艾滋病的许多添油加醋般的传话已经将艾滋病妖魔化了。小说中的多数人都在重复

---

① 苏珊·桑塔格：《我，及其他》[M]. 许天池、申慧辉译，上海：上海译文出版社，2009，第265—276页。

其他人的话语，艾滋病的隐喻正是在这些话语中变得比疾病本身更为可怕。这种用隐喻的手法来反对隐喻的戏仿的写作方式正是这篇短篇小说最独特之处。

二、病人的时间

《我们的生活方式》出版于 1986 年，小说的出版距桑塔格两次患癌中的首次患病已有十年之久。这部小说中对病人和病人朋友的许多思考都刻画得入木三分。也许正是桑塔格本人与癌症抗争的经历才让她将患者和患者朋友对于病情的许多反应刻画得细致而真实。其中最令人印象深刻的是桑塔格对于病人的时间和周围世界时间的不同的描述，比如当朋友们在谈论"他"的许多爱好和品质时，这样描写道：

> "可他一向都非常慷慨大方，凯蒂轻声地说，尽管他喜欢精美的东西，可他并不依恋它们，不贪恋东西，奥森说道，如弗兰克所说，这在收藏家来说可不寻常，这时凯蒂突然颤抖起来，泪水涌出她的双眼，奥森不安地问是不是他说错了什么话，凯蒂便指出，他们开始用回顾的方式谈论他了，总结他一向如何，以及什么使他们喜欢他，就好像他已经完蛋了，彻底地成为了过去的一部分。"①

朋友们对"他"的收藏爱好进行了评价，认为"他"虽然爱收藏却不恋物，而这时凯蒂非常突然地无法抑制地哭了出来，因为她已经意识到这些朋友们在谈论"他"时，已经多用回忆的语气来总结他

---

① 苏珊·桑塔格：《我，及其他》[M]. 许天池、申慧辉译，上海：上海译文出版社，2009，第 271 页。

的一些特质，就好像这些特质已经不会再有什么变化了，这个人也可以被盖棺定论了。凯蒂动情地哭泣是因为朋友们对“他”的赞美和褒奖就好像他已经不再存在于他们现在的时间中，而化为了过去的一部分。对于病人的朋友来说，他们对于“他”的印象好像停留在了他生病之前，患病的他和以前的他好像是两个不同的人，因此小说中“他”开始活在朋友们的记忆之中。而对于病人来说，事情却恰恰相反，他却时不时地活在自己疗愈后的未来时间：

> “……在将来的时间里那日记可以成为一个物品，一件遗物，他也不一定真的去读它，因为他那时候会想把这磨难留在过去，但是日记本会在他那张巨大的马乔艾风格写字台的抽屉里面，而且他在一个阳光灿烂的午后，的的确确对昆廷说过，他已经看到他自己坐在顶楼的家中，十月的太阳穿过那一扇扇明亮的窗户，而不是这扇条纹的窗户，泻入房间，而那本日记，那本伤感的日记，稳稳当当地躺在抽屉里。”①

小说中病人在患病期间开始有了记日记的习惯，记日记是为了留住时间的印记，但是“他”太渴望摆脱疾病的折磨了，所以幻想过在痊愈之后这本日记本可以静静地躺在自己家中的写字桌上。“他”希望那时自己仍旧是活在这个世界上的，仍旧是在场的，所以“他”的许多对于将来的想法都是非常具象的，“他”幻想着自己可以在痊愈之后十月的一天看到自己曾经记录的日记静静地躺在自己的家中。如果说病人的朋友们将回忆停留在了“他”患病之前的往事，病人用日记试图留住患病时的时间，那么病人却渴望时间可以跳跃到未来。小说中的“他”喜欢将自己置于未来的

---

① 苏珊·桑塔格：《我，及其他》[M]. 许天池、申慧辉译，上海：上海译文出版社，2009，第 272 页。

某个场景中。由此可见，病人喜欢的时间维度和周围人喜欢的有关病人的时间维度正好是错开的，他们中没有人对现在的自己和他人感兴趣。正是因为疾病的影响使他们喜欢绕过现在而活在其他的时间维度中。文章最后一段的表述也给人留下了更多的关于现在时间的思考：

> "厄秀拉对昆廷说，我在想，故事和绘画以及照片的区别就在于，你可以在故事里用文字写：他仍然活着。但是在绘画或照片里你无法表现'仍然'。你只能表现他'活着'。他仍然活着，斯蒂芬说。"①

在"他"朋友们的话语中故事落下了帷幕。朋友们在讨论着文学和其他艺术门类的不同，文学可以描绘一种时间上持续的状态，而在绘画和照片中的影像只能描述当下即时的情形，而从绘画或摄影完成的那刻后的状态欣赏者便不再清楚。桑塔格意识到了文学的这一独特之处，并将它巧妙地编排进了小说之中，用它来强调"他"现在的状态。经过了这样艺术门类之间的类比之后，斯蒂芬最后说"他仍然活着"，这种存在的状态显然是延续着的，是从过去到现在的生存状态的描述。虽然在故事中"他"患有艾滋病，虽然"他"与病魔抗争得十分艰难，虽然"他"和朋友们都喜欢绕过现在的疾病而谈论过去和将来的事情，但当读者打开这本书，翻到这一页的时候便可以意识到现在的"他"虽然还在生病但仍然还在这个世界上，"他仍然活着"，这便是文学的魅力所在。

---

① 苏珊·桑塔格：《我，及其他》[M]. 许天池、申慧辉译，上海：上海译文出版社，2009，第 287—288 页。

结　论

苏珊·桑塔格的标签太多了，也太鲜明了，她的这些标签很容易误导读者，使他们不能完全领会她最初所要表达的意思。就如同桑塔格虽然因《反对阐释》一文而声名大噪，却从没有真正地反对过阐释这种行为本身，她所反对的是过分注重内容的阐释，她所关注的是文学应该怎样被阐释。桑塔格始终反对将文学简化为道德说教，这使得许多研究者以为她从一开始就陷入了艺术与道德二选一的两难境地。但其实桑塔格从根本上并不认为艺术与道德是相互对立的，她肯定文学所能起到的道德功效，也赞扬艺术给人们带来的道德愉悦。她真正反对的是将文学缩减为说教之词，将道德“等同于某种特定的道德”。不仅如此，桑塔格还否认了艺术与科学相对立的学说，并认为正是两者之间相互的摩擦才碰撞出了人们的新感受力。她没有割裂艺术与历史、道德和社会的关系，也没有将形式与内容相对立，更没有从一开始就使自己的文学思想困顿于纯形式主义的泥沼。若深究桑塔格对于内容与形式、道德与文学以及艺术与科学的观点则可以看出其对二元性的深刻反思。她认为二元性在人类认识世界的过程中固然有自身的价值，但也同样有其适用范围，尤其不应该用二分法来解释所有美学问题。她在美学问题中对于去二元性的这一思索是带有解构主义性质的尝试。

对桑塔格的误读不光体现在对其文艺思想方面的曲解，更多的还体现在对其文学身份的忽视上。虽然桑塔格对于文学创作和文学评论都饶有兴趣，也在两方面都颇有成就，但学界却注意到的更多的是她公共知识分子的身份和美学家的身份，而常常忽略了她的文学身份。普罗大众多倾向于阅读和谈论她的美学作品，却对她的文学评论和文学创作不太熟悉。桑塔格在文学创作和文学评论方面所取得的成就得益于长期滋养她文学思想的多个批评流派。她对于现代主义文学的多样性持包容的态度，欣赏提倡在形式上有所创新的文学流派，也承认内容在文学作品中所占的重要地位。她对欧洲的先锋文学很感兴趣，特别是对实践小说革命的法国新小说派颇有好感。在美国文学批评方面，桑塔格的求学经历让她对芝加哥学派的治学精神了然于心，她的阅读兴趣使她对新批评派的著作和观点耳濡目染。

虽然桑塔格不喜欢将自己的文学批评观点置于文学创作之前，也排斥将自己的文学观拘束于某一单一的文学流派之下，但她对于许多文学问题的深入思考却尤为发人深省。首先，她为读者和大众描述出了文学边界逐渐模糊化的发展趋势。而另一方面，她也仍然对文学在整个艺术领域不可撼动的地位抱有信心。文学开放了它的边界，这给它带来了来自其他学科和艺术门类的威胁，但同时也让文学呈现出更多的可能性，使文学在保持其自身独特性的基础上更富有包容感，也仍拥有无可替代的价值。其次，不论是从桑塔格的人生经历中，还是从她对于时事的评论中都能看出其对于“他人疾苦”的深切同情。但在文学方面，桑塔格却希望文学能让大众深度反思和灵魂震撼的同时，也能让读者体味到文学之美所能带来的阅读愉悦感。再者，桑塔格对于过度阐释的反对之论是她的成名之作，也是贯穿于她整个人生的文学关键词。正是因为世界上充斥着越来越多过度阐释所带来的嘈杂之声，所以她才希望人们能够享受静默给艺术作品带来的无限力量。她看到了隐喻的局限性，以及不恰当地使用隐喻而给文学所带来的语言“污垢”，所以她身体力行地以更加平实的写作风格向读者呈现了她在文学创作方面的才华和巧思。从桑塔格的文学观中可以看出她渴望和大众一起拨开迷雾、看到事物本质的强烈愿望。不论是《反对阐释》中她对于过度阐释可能给文学带来的消极影响的担忧，还是《静默之美学》中她提醒人们注意隐喻的副作用、强调静默的积极力量，其实都是希望作家和读者可以最大限度地还原文学之美，也希望大众在思考问题上可以绕开外围的干扰而将注意力集中在问题的本质上。

桑塔格的文学思想也在很大程度上影响着她的创作实践。长篇小说《在美国》是她文学创作方面的集大成之作，也是美国文学史上新千年之后里程碑式的著作。在这部文学作品中，她挑战了小说的常规性写法，不管是叙事角度的频繁转换、多文体的应用、电影画面式的立体写作还是以非虚构文学的形式来扩大虚构文学作家的创作主题选择范围的种种尝试都赋予了美国文学和小说写作本身无限的可能。小说虽然描写的是一位波兰舞台皇后移民美国并成功重返舞台的全过程，但作品中却始终透露着被殖民者在登陆新大陆后适应全新生活过程中所感受到的苦楚和怀念故国的淡淡忧伤。桑塔格非常擅长跳出自己的国籍和身份去相对客观地评价美国和描绘美国。她因此而能将欧洲移民初到异国他乡的敏感多虑描绘得淋漓尽致，也能将欧洲人视角下新大陆上的大醇小疵刻画得栩栩如生。小说看似着力于讨论演员台前幕后的生活琐事却也隐含着宏大的殖民历史背景。小说中隐含的多个第三人称叙事者的议论始终不偏不倚地处于观点鲜明和结论中肯的平衡点之上。

《我，及其他》是一本集实验性创作手法和深厚人文关怀于一体的短篇小说集。该小说集中的每个故事描述的都是大时代下小人物们的特殊境遇，他们都面临着或大或小的各类人生问题。这些故事立意新颖，其创作手法也别具匠心。《中国旅行计划》用灵活的札记创作方式为读者呈现出了一个西方人眼中的当代中国；《我们现在的生活方式》用隐喻的手法戏仿了隐喻本身，为读者呈现出了一位艾滋病患者和他身边的朋友们在面对疾病时的不同反应。桑塔格的短篇小说没有让其先锋性的创作手法架空于故事本身，而是让读者在体验现代主义小说写作手法多样性的同时，也能感受到生活在大千世界中人们的个体差异。

桑塔格以其敏锐的感知力时刻洞察着文学这一艺术分支的微小变化，并不厌其烦地将这些变化描述给读者。她所做出的许多具体的文学方面的判断和评论在今天或许都已成为主流，但埋藏在她那些判断和评论下的文学观念却仍没能受到应有的重视。她在文学批评中讨论的问题并不全都新鲜，在小说中所讲述的也多是家喻户晓的故事，但桑塔格作为文学评论家和作家的特别之处就在于她总是可以找到绝佳的角度来思考经典的文学问题，而读者又永远能从她的文学作品中看见世界的另一种可能。

参考文献

(一) 苏珊·桑塔格作品

(1) 中译文论著(按出版时间排序)

[1] 苏珊·桑塔格:《反对阐释》[M]. 程巍译,上海:上海译文出版社,2003。
[2] 苏珊·桑塔格:《在土星的标志下》[M]. 姚君伟译,上海:上海译文出版社,2006。
[3] 苏珊·桑塔格:《关于他人的痛苦》[M]. 黄灿然译,上海:上海译文出版社,2006。
[4] 苏珊·桑塔格:《床上的爱丽丝》[M]. 冯涛译,上海:上海译文出版社,2007。
[5] 苏珊·桑塔格:《激进意志的样式》[M]. 何宁、周丽华、王磊译,上海:上海译文出版社,2007。
[6] 苏珊·桑塔格:《死亡匣子》[M]. 刘国枝译,上海:上海译文出版社,2009。
[7] 苏珊·桑塔格:《苏珊·桑塔格谈话录》[M]. 利兰·波格编,姚君伟译,南京:译林出版社,2015。
[8] 苏珊·桑塔格:《同时》[M]. 黄灿然译,上海:上海译文出版社,2009。
[9] 苏珊·桑塔格:《我,及其他》[M]. 许天池、申慧辉译,上海:上海译文出版社,2009。
[10] 苏珊·桑塔格:《论摄影》[M]. 黄灿然译,上海:上海译文出版社,2010。
[11] 苏珊·桑塔格:《重点所在》[M]. 陶洁、黄灿然等译,上海:上海译文

出版社,2011。
[12] 苏珊·桑塔格:《在美国》[M]. 廖七一、李小均译,上海:上海译文出版社,2012。
[13] 苏珊·桑塔格:《重生》[M]. 姚君伟译,上海:上海译文出版社,2013。
[14] 苏珊·桑塔格:《疾病的隐喻》[M]. 程巍译,上海:上海译文出版社,2014。
[15] 苏珊·桑塔格:《心为身役》[M]. 姚君伟译,上海:上海译文出版社,2015。
(2) 英文原著(按版本时间排序)
[1] Susan Sontag, *The Volcano Lover A Romance* [M]. New York: Farrar Straus & Giroux, 1992.
[2] Susan Sontag, *Alice in Bed* [M]. New York: Farrar Straus& Giroux, 1993.
[3] Susan Sontag, *AIDS and Its Metaphors* [M]. New York: Farrar Straus& Giroux, 1988.
[4] Susan Sontag, *In America* [M]. New York: Farrar Straus& Giroux, 2001.
[5] Susan Sontag, *Where The Stress Falls* [M]. New York: Farrar Straus& Giroux, 2001.
[6] Susan Sontag, *Death Kit* [M]. London: Picador, 2002.
[7] Susan Sontag, *Under the Sign of Saturn* [M]. London: Picador, 2002.
[8] Susan Sontag, *Regarding the Pain of Others* [M]. New York: Farrar Straus& Giroux, 2003.
[9] Susan Sontag, *The Benefactor* [M]. New York, Dell Publishing Co. , 2009.
[10] Susan Sontag, *Against Interpretation and Other Essays* [M], City of Westminster: Penguin Books, 2009.
[11] Susan Sontag, *On Photography* [M]. City of Westminster: Penguin Books, 2008.

(二) 与本书相关的论著(按字母表顺序排序)

[1] 爱德华·萨义德:《论晚期风格》[M]. 阎嘉译,北京:生活·读书·新知三联书店,2009。

[2] 艾里希·奥尔巴赫：《摹仿论》[M]. 吴麟绶、周新建、高艳婷译，北京：商务印刷馆，2014。
[3] 奥斯卡·王尔德：《谎言的衰落》[M]. 萧毅译，南京：江苏教育出版社，2004。
[4] 本雅明：《发达资本主义时代的抒情诗人》[M]. 张旭东、魏文生译，北京：生活·读书·新知三联书店，2014。
[5] 本雅明：《启迪》[M]. 张旭东等译，北京：生活·读书·新知三联书店，2014。
[6] 柏拉图：《理想国》[M]. 王杨译，北京：华夏出版社，2012。
[7] 程巍：《中产阶级的孩子们：60 年代与文化领导权》[M]. 北京：读书·新知三联书店，2006。
[8] 丹尼尔·贝尔：《资本主义文化矛盾》[M]. 北京：人民出版社，2010。
[9] 董建，马俊山：《戏剧艺术十五讲》[M]. 北京：北京大学出版社，2012。
[10] E. M. 福斯特：《小说面面观》[M]. 冯涛译，北京：人民文学出版社，2009。
[11] 弗·纳博科夫：《黑暗中的笑声》[M]. 龚文痒译，桂林：漓江出版社，1987。
[12] 付景川：《二十世纪美国小说史》[M]. 长春：吉林教育出版社，1996。
[13] 哈罗德·布鲁姆：《影响的焦虑》[M]. 徐文博译，南京：江苏教育出版社，2006。
[14] 弗吉尼亚·伍尔夫：《论小说与小说家》[M]. 翟世镜译，上海：上海人民出版社，2000。
[15] 弗吉尼亚·伍尔夫：《一间自己的屋子》[M]. 王还译，上海：上海人民出版社，2008。
[16] 弗拉基米尔·纳博科夫：《文学讲稿》[M]. 申慧辉等译，上海：上海三联书店，2005。
[17] 弗兰克·伦特里奇亚：《新批评之后》[M]. 王丽明等译，南京：南京大学出版社，2017。
[18] 弗雷德里克·詹姆逊：《后现代主义与文化理论》[M]. 唐小兵译，北京：北京大学出版社，1997。
[19] 葛幼壮：《倾听》[M]. 北京：北京大学出版社，2013。
[20] 黄铁池：《当代美国小说研究》[M]. 上海：学林出版社，2000。
[21] 乔纳森·科特：《我幻想着粉碎现有的一切：苏珊·桑塔格访谈录》[M]. 唐奇译，北京：中国人民大学出版社，2014。

[22] 卡尔·罗利森，莉萨·帕多克：《铸造偶像》[M]. 姚君伟译，上海：上海译文出版社，2009。
[23] 凯瑟琳·安·波特：《愚人船》[M]. 鹿金译，上海：上海译文出版社，2000。
[24] 康德：《判断力批评》[M]. 李秋零译，北京：中国人民大学出版社，2010。
[25] 克林斯·布鲁克斯：《精致的翁》[M]. 郭已瑶等译，北京：人民文学出版社，2008。
[26] 莱昂内尔·特里林：《诚与真》[M]. 刘佳林译，南京：江苏教育出版社，2006。
[27] 莱昂内尔·特里林：《知性乃道德职责》[M]. 严志军，张沫译，南京：译林出版社，2011。
[28] 勒内·韦勒克，奥斯汀·沃伦：《文学理论》[M]. 刘象愚等译，南京：江苏教育出版社，2005。
[29] 利维坦：《伟大的传统》[M]. 袁伟译，北京：生活·读书·新知三联书店，2002。
[30] 罗伯特·麦基：《故事：材质、结构、风格和银幕剧作的原理》[M]. 周铁东译，天津：天津人民出版社，2016。
[31] 罗兰·巴特：《批评与真实》[M]. 温普仪译，上海：上海人民出版社，1999。
[32] 罗兰·巴特：《写作的零度》[M]. 李幼蒸译，北京：中国人民大学出版社，2008。
[33] 罗兰·巴特：《文之悦》[M]. 屠友祥译，上海：上海人民出版社，2009。
[34] 毛姆：《巨匠与杰作》[M]. 李锋译，上海：上海译文出版社，2013。
[35] 米兰·昆德拉：《小说的艺术》[M]. 董强译，上海：上海译文出版社，2012。
[36] 欧文·白璧德：《文学与美国的大学》[M]. 北京：北京大学出版社，2004。
[37] 乔治·奥威尔：《1984》[M]. 董乐山译，沈阳：辽宁教育出版社，1998。
[38] 桑德拉·吉尔伯特，苏珊·古芭：《阁楼上的疯女人：女性作家与19世纪文学想象》[M]. 杨莉馨译，上海：上海人民出版社，2015。
[39] 特雷·伊格尔顿：《二十世纪西方文学理论》[M]. 秭佩译，重庆：重庆出版社，2008。
[40] 特雷·伊格尔顿：《理论之后》[M]. 商正译，北京：商务印刷馆，2009。

［41］特罗洛普：《如今世道（上下）》［M］. 白晓明译，北京：北京大学出版社，2007。
［42］西格丽德·努涅斯：《永远的苏珊》［M］. 阿垚译，上海：上海译文出版社，2012。
［43］杨冬：《文学理论：从柏拉图到德里达（第三版）》［M］. 北京：北京大学出版社，2015。
［44］伊塔洛·卡尔维诺：《新千年文学备忘录》［M］. 南京：译林出版社，2015。
［45］宇文所安：《追忆：中国古典文学中的往事再现》［M］. 郑学勤译，北京：生活·读书·新知三联书店，2004。
［46］王秋海：《反对阐释：桑塔格美学思想研究》［M］. 北京：中央编译出版社，2011。
［47］王予霞：《苏珊·桑塔格与当代美国左翼文学研究》［M］. 北京：中国社会出版社，2009。
［48］吴晓东：《从卡夫卡到昆德拉：20世纪的小说和小说家》［M］. 北京：生活·读书·新知三联书店，2007。
［49］文森特·里奇：《20世纪30年代至80年代的美国文学批评》［M］. 王顺珠译，北京：北京大学出版社，2013。
［50］维·什克洛夫斯基：《散文理论》（上）、（下）［M］. 刘宗次译，南昌：百花洲文艺出版社，2010。
［51］约翰·斯特洛克：《结构主义以来》［M］. 渠东，李康，李猛译，沈阳：辽宁教育出版社，1998。
［52］张隆溪：《道与逻各斯》［M］. 南京：江苏教育出版社，2006。
［53］赵一凡：《从胡塞尔到德里达——西方文论讲稿》［M］. 北京：生活·读书·新知三联书店，2012。
［54］朱光潜：《朱光潜谈美》［M］，上海：华东师范大学出版社，2012。
［55］Daniel Schreiber, *Susan Sontag: A Biography* ［M］. Translated by David Dollenmayer. Evanston: Northwestern University Press, 2014.
［56］Leitch Vincent B., *American Literary Criticism: from the Thirties to the Eighties* ［M］. New York: Columbia University Press, 1998.
［57］Kennedy Liam, *Susan Sontag: Mind as Passion* ［M］. Manchester and New York: Manchester University Press, 1995.
［58］Sayre Sohnya, *Susan Sontag: The Elegiac Modernist* ［M］. New York and Landon: Routledge, 1990.

[59] Wendy K. Lolmar& Frances Bartkowski, *Feminist Theory*: *A Reader* [M]. New York: Mc Graw Hill, 2010.

(三) 与本书相关的学位论文及论文集(按字母表顺序排序)

[1] 陈文钢: 苏珊·桑塔格批评思想研究[D]. 浙江大学,2006。
[2] 陈英: 毁灭、建构与超越: 苏珊·桑塔格虚构作品中死亡疾病主题研究[D]. 上海外国语大学,2011。
[3] 柯英: 存在主义视阈中的苏珊·桑塔格创作研究[D]. 苏州大学,2013。
[4] 刘丹凌: 苏珊·桑塔格新感受力美学研究[D]. 四川大学,2007。
[5] 孙燕: 后现代主义与反阐释理论[D]. 上海师范大学,2006。
[6] 王建成: 桑塔格文艺思想研究[D]. 山东师范大学,2010。
[7] 王秋海: 反对阐释[D]. 首都师范大学,2004。
[8] 袁晓玲: 桑塔格美学思想研究[D]. 武汉大学,2010。
[9] 赵一凡,张中载等: 西方文学关键词[C]. 北京: 外语教学与研究出版社,2006。
[10] 张莉:"沉默"的言说[D]. 中央民族大学,2011。
[11] 张艺: 桑塔格艺术构造"魔力"探索——"神"、"智"之间艺术追求的"散点"透视[D]. 南京师范大学,2012。
[12] 周静: 新感受力四重奏[D]. 浙江大学,2011。
[13] 周艺: 论苏珊·桑塔格虚构作品中身体和主体性的呈现[D]. 南京大学,2014。
[14] James Penner, "Gendering Susan Sontag's Criticism in the 1960s: The New York Intellectuals, The Counter Culture, And the Kulturkampf Over 'The New Sensibility'" [C]. *Women's Studies*, 2008.
[15] Solotaroff Theodore, "Interpreting Susan Sontag" [C]. *The Red Hot Vacuum and Other Pieces on the Writings of the Sixties*, New York: Atheneum, 1970.
[16] Stead Arnold, Mapping 'Spiritual Dangers': The Novels of Susan Sontag [D], University of Missouri, 1993.
[17] Sabrina Fuchs-*Abrams*, "Women on War: Mary McCarthy, Susan Sontag, and Diana Trilling Debate the Vietnam War" [C]. *Women's Studies*, 2008.

（四）本书中析出的文献（按字母表顺序排序）

[1] 车琳：20世纪60—70年代法国“原样派”知识分子的中国观——以菲利普·索莱尔斯和罗兰·巴尔特为例[J].中国比较文学，2014(02)：68-80。

[2] 陈文刚：小说的冒险与小说术的迷幻：论苏珊·桑塔格的《恩主》[J].外国文学研究，2008，(03)：70-78。

[3] 陈治云：后现代语境下“第四种批评”的文化倾向——以桑塔格的“新感受力”为例[J].求索，2010(10)：134-136。

[4] 程军：什克洛夫斯基论“戏仿”[J].文艺评论，2009，(5)：158。

[5] 方汉泉：二元对立原则及其在文学批评中的运用[J].外语与外语教学，2004(07)：37-41。

[6] 方汉泉，何广铿：布拉格学派对现代文体学发展的贡献[J].外语教学与研究，2005(05)：383-386+401。

[7] 冯巍：论文学批评的职责——在纽约学派文化批评视野下的审视[J].文艺理论与批评，2012(03)：39-45。

[8] 顾明生：论《我们现在的生活方式》的艾滋病创伤叙事[J].国外文学，2016，(02)：99-106+159。

[9] 顾明生：空间形式：论《没有向导的旅行》的叙事策略[J].语言教育，2015，(01)：15-20。

[10] 顾明生：西方桑塔格研究述略(1995—2014)[J].外语研究，2014，(05)：93-99。

[11] 顾明生：虚构的艺术——从《在美国》看苏珊·桑塔格叙事艺术中的糅合技巧[J].国外文学，2011，(03)：119-126。

[12] 郝桂莲：桑塔格的批评理论与《恩主》的互文性解读[J].当代外国文学，2006，(04)：72-78。

[13] 郝桂莲：“禅”释“反对阐释”[J].外国文学，2010(01)：76-82+158。

[14] 黄灿然：苏珊·桑塔格与中国知识分子[J].读书，2005，(04)：105-107。

[15] 黄文达：“新感受力”的当下意义[J].学术月刊，2005(09)：63-68。

[16] 金惠敏：图像增殖与文学的当前危机[J].中国社会科学，2004(05)：167-178+208-209。

[17] 李小均：漂泊的心灵，失落的个人——评苏珊·桑塔格的小说《在美国》[J].四川外语学院学报，2003，(04)：71-75。

[18] 李砚祖：大趋势：艺术与科学的整合[J].文艺研究，2001(01)：

98－112。
[19] 李政道：艺术和科学[J]. 文艺研究，1998(02)：81－90。
[20] 刘康，金衡：后殖民主义批评：从西方到中国[J]. 文学评论，1998(01)：150－160。
[21] 廖七一：历史的重构与艺术的乌托邦——《在美国》主题探微[J]. 外国文学，2003，(05)：70－75。
[22] 吕周聚：西方现代主义文学中国化的内在规律探寻[J]. 文学评论，2001(04)：126－134。
[23] 利兰·波格，姚君伟：《苏珊·桑塔格谈话录》序[J]. 当代外国文学，2013，(03)：163－166。
[24] 南帆：文学形式的构成与多边关系[J]. 文艺理论研究，2014，34(02)：6－20。
[25] 潘小松：苏珊·桑塔格新作《在美国》[J]. 外国文学动态，2000，(03)：35－36。
[26] 施咸荣：当代美国文学发展的几个新趋势[J]. 美国研究，1987(01)：113－131。
[27] 童庆炳：论文艺作品内容与形式的辩证矛盾[J]. 文艺理论研究，1991(02)：12－20。
[28] 童庆炳：文学经典建构诸因素及其关系[J]. 北京大学学报(哲学社会科学版)，2005(05)：71－78。
[29] 苏姗·桑塔格，邵牧君：电影和戏剧[J]. 世界电影，1988，(03)：85－107。
[30] 苏珊·桑塔格，赵炳权：迷惑人的法西斯主义[J]. 世界电影，1988，(05)：235－255。
[31] 苏珊·桑塔格，贝岭，杨小滨，胡亚非：重新思考新的世界制度——苏珊·桑塔格访谈纪要[J]. 天涯，1998，(05)：04－11。
[32] 孙柏：神话学的完整图景：重读罗兰·巴尔特[J]. 外国文学评论，2016(02)：148－159。
[33] 王宁：后结构主义与分解批评[J]. 文学评论，1987(06)：143－151。
[34] 王宁：流散文学与文化身份认同[J]. 社会科学，2006(11)：170－176。
[35] 王秋海："矫饰"与前卫——解读苏珊·桑塔格的《"矫饰"笔记》[J]. 文艺研究，2004，(02)：63－68＋159。
[36] 王秋海：形式与历史的契合——桑塔格对"法西斯主义美学"的批判[J]. 当代外国文学，2005，(03)：103－108。

[37] 王予霞:“反对释义”的理论与实践——桑塔格和她的《我等之辈》[J]. 外国文学评论,1998,(04):13-21。
[38] 王予霞:“纽约文人集群”的演变历程与文化影响[J]. 外国文学,2010,(05):136-142+160。
[39] 王锺陵:新批评派诗学理论研究[J]. 中国社会科学,1998(05):162-178。
[40] 项晓敏:对巴尔特零度写作理论的再读解[J]. 复旦学报(社会科学版),2004(04):133-140。
[41] 徐文培,吴昊:苏珊·桑塔格反对阐释理论的体系架构及梦幻载体的实践[J]. 外语学刊,2008,(04):135-139。
[42] 徐文培,姚君伟:走进中文世界的苏珊·桑塔格——苏珊·桑塔格在中国的译介[J]. 新文学史料,2008,(03):103-112。
[43] 杨冬:新批评派与有机整体论诗学[J]. 吉林大学社会科学学报,2008(06):49-56+155。
[44] 杨冬:理论的限度[J]. 文艺争鸣,2015(08):86-89。
[45] 姚君伟:见见“美国文库”新成员——《桑塔格》[J]. 外国文学动态,2014,(03):49-51。
[46] 余中先:阿兰·罗伯-格里耶逝世:新小说告终? [J]. 外国文学动态,2008(02):7-11。
[47] 曾艳钰:西方文学关键词纽约知识分子[J]. 外国文学,2014(02):118-127+159-160。
[48] 查鸣:戏仿在西方文学理论中的概念及其流变[J]. 山东社会科学,2012(05):50-54。
[49] 张琦:再论当代西方文学批评中的二元对立[J]. 当代外国文学,2013,34(04):151-157。
[50] 张艺:追忆桑塔格在法国的逐梦年华——读爱丽斯·开普兰的《用法语做梦》[J]. 外国文学动态,2014(05):38-40。
[51] 赵一凡:屈瑞林与纽约文人的时代[J]. 读书,1987(08):122-133。
[52] 周宁:在西方现代性想象中研究中国形象[J]. 南京大学学报(哲学. 人文科学. 社会科学版),2008(04):70-78+143。
[53] 周艺:严肃的戏谑——评《苏珊·桑塔格的丑闻》[J]. 外国文学研究,2011,(04):171-174。
[54] 朱骅:流亡文学的本体论思考[J]. 江苏大学学报(社会科学版),2015,17(06):73-78。

[55] Angela McRobbie, "The Modernist Style of Susan Sontag" [J]. *Feminist Review*, 1991, No. 38: 1-19.

[56] Cielo Festino, "The Volcano Lover: A Rewriting of Susan Sontag's Aesthetic Theory" [J]. *Literatura*, Vol. 9, No. 1,2007: 142-148.

[57] D. A. Miller, "Sontag's Urbanity" [J]. *October*, Vol. 49, 1989: 91-101.

[58] Sohnya Sayres, "For Susan Sontag, 1933-2004" [J]. *Modern Language Association*, 2005, Vol. 120, No. 3: 834-838.

[59] Steve Light, "The Noise of Decomposition: Response to Susan Sontag" [J]. *Substance*, 1980, Vol. 9, No. 1, Issue 26: 86-94.

[60] Susan Rubin Suleiman, "Culture, Aestheticism, and Ethics: Sontag and the 'Idea of Europe'" [J]. *Modern Language Association*, Vol. 120, No. 3,2005: 839-842.

[61] Robert A. Burt, "Invitation to the Dance: Lessons from Susan Sontag's Death" [J]. *The Hastings Center Report*, Vol. 39, No. 2, 2009: 38-45.

[62] Susan Sontag, "Film and Theatre" [J]. *The Tulane Drama Review*, Vol. 11, No. 1,1966: 24-37.

[63] Susan Sontag, Bonnie Marranca, and Gautam Dasgupta, "Art and Consciousness" [J]. *A Journal of Performance and Art*, Vol. 27, No. 2,2005: 1-9.

附　　录

附录中为美国CBS电视台主持人查理·罗斯于2000年采访苏珊·桑塔格的英文原文，该采访主要围绕桑塔格对于长篇小说《在美国》的创作构思这一话题而展开。附录内容为笔者听记文本。

H：Susan Sontag is one of American's best-known writers，critic activists，playwrights，and essayists. She has written a new novel called *In America*，inspired by historical events that tells a story of a group of Polish immigrants，who traveled to California in 1876. Led by one of Poland's greatest actresses，a group attempts to establish a Utopian commune，in search of identity. I am pleased to have Susan Sontag back on this program. Welcome back!

S：I'm really glad to do that，Charlie.

H：Thank you. All right. Tell me about this book. Where did these ideas come from? How much of these are based on fact?

S：Well，there is a real Polish actress. She was in fact a greatest actress in Poland. She did at the age of 35 come to

America, decided she was giving up the stage as least so she announced. And she was going off to America, with an entourage, with her husband, with a teenager son 15 years old, and a bunch of friends, and they ended up in Anaheim, California, 47 Acers outside a little village called Anaheiment, southern California, nearby village of Los Angeles. Oh, and of course the farm failed, a sort of distant model for them was Brook farm. They did something that we would call a commune. And she went back on stage and had a great career here. And the name of this actress, her American stage name was Helena Modjeska. And she was the last quarter of the 19th century. So that story which I discovered purely by chance. I didn't know the story. I discovered it doing one of my favorite things, browsing in a book story, opening a book that looked weird, then discovering on a page, something about this group of Poles? Who came to Southern California? And I thought: "Oh. That's my next novel." And the last novel, the volcano novel in this one I liked having a real story that I could use as a kind of trampoline. Of course, it's completely reinvented, completely changed.

H: But it's a kind of trampoline to do?

S: To……Well, to tell a great story, a story that's very resonant. That suddenly just clicked in my mind how can I put it, that with this story, the story of the Polish actress who comes to America, ostensibly to shed her old identity and become a completely different person, because that's what America represented to a lot of people. But in fact she both did and didn't become a new person. She went back on the stage here eventually and had even a greater career. That's very an American story. So it was a way of telling a story about America, a very emblematic story about America. And also something very dear to me that I've been brooding over for a long time to write a theater novel, a novel in which the main character was an actor, and a novel about a life in the theater. That really interests me a lot.

H: Why? And what is it about that interests you?

S: Well. I love actors. You know, I've hung out with actors and directors all my life. I've done a tiny bit of acting myself of, a little bit of directing both in the theater and in movies. And I don't know. I think writing fictions has to come, maybe writing in general, but I'm sure about writing fiction that has come from a deep place. And I think I spent a big part of my life preparing to write this novel without knowing I was preparing. That is to say really coming to some kind of real understanding of what actors do and how complicated and strange they are and then the psychology of actors that really interests me a lot. And this woman, I mean she is a star, as she's not just an actor. She is a star. And this is a certain kind diva figure that also interests me. I mean they are people like Sara Bernhardt, or Vanessa Redgrave, or Jean Murrow. People like that who are very complicated, very thoughtful people, people who have some public role to play.

H: Yeah. Let me just interrupt. I am absolutely fascinated about actors.

S: Good.

H: Because they come here and especially in conversation

with gifted directors. You know. It used to be said the directors have contempt for actors and that there are directors who love actors and genuinely appreciate what they bring. You know. And I thought that the majority are the latter. You know. I haven't really met many of those who at least have expressed to me, contempt for actors.

S: Talk about directors now, I think it's more common among movie directors. I don't know the theater directors as well.

H: Probably. But what I do find is this, I mean; that the best directors, they just have this almost undefinable sense of what it is the magic of the craft that actually bring. You know. You're interested not just in the craft for the whole process of the persona as well as the craft and the idea of spending your life becoming someone else.

S: Exactly. Exactly. I think I'm very interested in the world enthralled absorbed, totally involved. I don't even know what the right word is. In the idea of transformation or self-transformation, and you could say that the actor both represents that idea at its most profound, and in some ways that isn't most superficial because there is such a thing as acting in a sense. It's also such a complicated idea. Acting that just means pretending, and you're not really transformed at all. One of the oldest debates about acting, it goes back to the 18th century, as does the actor have to feel what he or she is experiencing. You have to show it.

H: And he just has to show it.

S: Or just show it. Exactly. You know. There is the

wonderful old story that I'm sure you know that about Dustin Hoffman and Laurence Olivier.

H: Go ahead. I know anther Olivier story that was quite good. But go ahead; tell me your story when they were making *Marathon Men*.

S: When they were making *Marathon Men*. Exactly. Well, it's about when they were making *Marathon Man*. Exactly. And Dustin Hoffman who was surely a great actor preparing in the most elaborate day after day, week after week, and month after month. What I'm entering the character in being the character asleep.

H: They were not going to sleep and all that stuff.

S: That's right. And Olivier would come on the set and he wouldn't even know his lines; he wouldn't know even what scene they were shooting that day or whatever. And he just looks at, you know, what he had to do a minute before the camera started rolling and then he would do something utterly magnificent. And Dustin Hoffman is supposed to have said to him: "But how do you do it? I don't understand how you do it." And he said "My dear boy, I act!" meaning I pretend.

H: The version that I know you have tried and what I heart was that…

S: I hope this is a true story.

H: Another version I heart was they did find out that was that Dustin who was so into this sort of being physically feeling and exasperated, and his character that was being tortured. He was going through this sense of putting himself in low ebb. And Olivier said: "My dear boy. Have you tried acting?" There's also this story that Roddy McDowall tells he went back stage where Olivia gave his especially brilliant performance. Maybe. Forgotten what it was. He was just extraordinary. Even for Olivier, it was a brilliant performance. And he went back to the dressing room, waiting to burst in and say "Larry, Larry, I have never seen anything like this." which apparently he was prepared to do, he opens the door and Olivier, maybe added to this, but this is the way I was told. He's sort of sitting there like this. He said: "Don't you know how great it was?" Olivier said: "Yes, yes. I know. But I don't know how it happened." You know? Something had happened that made him that night come to rise to be bigger better, which shows you that no matter what preparation, technique, there is also an element of mystery about ...... You know, you agree with that or not.

S: Well, I do agree with it, but I think it's not only true of performance. I think it's also true of writing. Because we just say writing and not painting or dancing or being a sculptor or being any other art. I think that what I do is a writer. There are certainly a lot of thought that goes into it. There is a lot of worry. There is a lot of preparation. There is a lot of consciousness. And yet when it really happens, you feel you're taking down dictation that you have a sense that something is happening, that you don't control. That's why it's as good as it is. So it's always a mix between an extreme degree of self-consciousness and a surrender to a process, that carries you a like a wave.

H: I heard a story people would just hit them like you talk about it right. Pour it out. They could not fasten them.

S: Yeah. I actually have the feeling that sometimes it was coming out of my fingers. Exactly. But you know the transformation. That's what actors do. They transform. You could say of somebody who isn't a good actor or that person doesn't transform, doesn't know how to transform. But there are so many senses of transformation. What I liked about this story, what I must have triggered my own imagination when I came across the story, literally standing at a bookstore in Boston, as it happened. And browsing in a book, which I even didn't buy, but I thought there is an interesting story. I could make something out of that was the combination of a novel about America of immigration to America and a theatre novel, because America's always about transformation. So it's two ideas.

H: That's why it's called *In America*?

S: Well, yeah! It suggests that they come to America. It's not just America's discovery, America's an acquisition, America's ordeal, and America's liberation. America means so many things to people in 19th century. And I don't mean it didn't in the 20th century, it doesn't now. But it always had a mythical character. It always represented a change, a flight away from something bad or escape towards some sort of liberation, or self-reinvention. I mean the whole country is, I don't want to generalize about America, because everything can be said about America. But the country itself is a project. It's a working progress. American has always understood that our country is a kind of working progress. And that people who come here are accepting possibilities of transformation or innovation or self-reinvention.

H: Or change. Something different.

S: Or just change. The reasons that people come to America is, sometimes it is, of course, for economic advantage rather escaping poverty and misery. But America represents real ideals for many people. The people in my novel are fairly well to do, educated people. They are not coming over in steerage the way my answers did. They come over here in steerage. Pretty much around this time, the1870th, 1880th, people came over or visit like that they are the first class. They chose America. They didn't choose because they were going to have easier life and so many of them are gonna have a harder life. But it represents some kind of ideal of freedom and self-reinvention and I am very addicted, maybe it's not too strong a word to notions of that I can reinvent myself. You know. I guess that's the most Americans thing about me.

H: But you want to reinvent yourself?

S: Yeah. I like thinking life is not finished, that is some working progress.

H: Well, yours is more about a public recognition of a revolution and in terms of, you could write a book about intellectuals. You know.

S: Well. I've changed. I've changed.

H: You changed. You have.

S: I've become a different writer. I like that idea. You know. I think probably maybe a rude thing to say most writers do their best works in their first third of first half their writing life. Just it's a fact.

H: It's hardest to do their best work.

S: I'm not so sure about painters.

H: A lot of people tell you, well, I'm not sure about painters. I mean a lot of people think it the best works were in their early age.

S: Well, but a lot of painters, I mean thinking of Well, I think the late work of many painters and many composers. Sure Beethoven and of course, there are examples of writers and their greatest work and so on and so on and so on. I think mostly writers do their best work early. So I guess I'm a little proud of the fact that I actually maybe presumptively.

H: Continue?

S: No, I go further than that. Not being too immodest. I think my best work is now. I'm not just continuing. I think these books are better. I think the *Volcano Lovers* is that novel I wrote earlier 90th and the new book *In America* is the best one I've never written. I think so.

H: OK. What do you think in your mind separate it? Is it the command of language? Is it the command of story? Is it the what?

S: Well. I think I'm freer. I think my writing is more expressive. I actually don't think I've changed, but I think my access, this doesn't sound too weird. I think my access to myself has changed. I think I was going through a kind of narrow door. I'm going through a wide gate. I'm able to put a lot more of what I know and feel into my books. I think I was laboring under a lot of inhibitions in the past. And I think for one thing I was particularly sitting on a talent or an idea or skill or I don't know what to call, story telling. I don't even know I was a storyteller. I thought I was some kind of unusual word intellectual. I'm not going to, you know, deny what must look like sociologically. But I certainly never thought of myself that way. I did think I was a ruminator. I thought I was somebody like to chew things over. I was fairly ... My subject was some sort of contemplative. It was, whatever actor's life is like, that might have out there. But that wasn't me as a writer. As a writer, I thought I was more interested in the process of consciousness and dramatizing different kinds of feelings people had. As a playwright, as a writer of short fiction and novels, etc., then with the last two novels the *Volcano Lover* and this one *In America*. I'm just a storyteller. I actually like to tell stories. This book is actually a kind of epic.

H: All right. Give me a minute. All of the stuff you just said is so wonderful. I mean what inhibition do you get rid of? With this sort of self-censorship and protection. I mean. Is it a kind of liberation that from, like look I am who I am, and I don't give a damn?

S: I guess it's something like that. I never think it that way. I just thought I felt I could spread my wings. I felt I could even be entertaining. Well, I discover the certain things I did, I wrote. Very funny thing to describe that I actually had tears in my eyes when I was writing them. This happened with the last novel *Volcano Lover* and then I thought: "Wow, that's great!" I mean I love that. I love that one that I'm really moved that I think of writing fiction as an education of reading fiction. I think the great novels are educations of your feelings of your sympathies. They enlarge sympathies. So I always kind of shivering and becoming narrower. This is what age does work. I don't mean the age in the sense of old age; I mean the age of sense of having your life that you come if you don't work on it. The self-project. If you don't work on yourself, you more and more are relying on rote or routine responses to think. You sort of build up your habits, your preferences, and your responses. And fiction is like an axe that cuts all through that kind of split you open and teaches you, gives you a model for caring about things that you might not otherwise care about it. I've found that capacity in myself.

H: But I would assume it has to be informed by the kind of experience you had, I mean, just take your trip from Eurozone to Sarajevo.

S: Yeah. This book I think was ... I began this book in 1983, the *In America*. With a couple of months after I began, I went to Sarajevo for the first time. There went the next essentially, the next years that I was in and out of Sarajevo between 1993 and 1996. And I worked very little on the book, on *In America*. I couldn't, there's no way that you're gonna write a novel in the middle of this war and not mention of the fact that there's no glass in the windows, no heat, no running water, no electricity, hardly any food etc.. No telephone, no mail. I mean you're totally involved in just sharing that experience and doing whatever you can do there. But it was a deepening experience. I mean again I think it's what you do with your experiences, if you have the energy to work with them, I mean not just to be the passive recipient problems. I mean, yeah, I suppose, I'm sure those were deepening experiences, but I think the thing I most respected in myself is that I kept on working on myself, really. I kept on working on myself to try to be a better writer. And now I think I have some breakthrough with these novels, particular with *In America*.

H: Was there a moment when you knew it, I mean when you began to write you just feel it. You knew as you said the passage way was wider.

S: Yeah. I didn't know the right way. I think I would page about 100.

H: When you walk in this bookstore in Boston, and you see this. How many times that happens to you and you walk out there saying: "I got my next novel, my next book." Then next day it's gone.

S: Can I say it's gone? All the time. What makes this idea stick is exacerbating?

H: Where does it find traction?

S: That's right. And I think it's not a real traction until you actually get to work on it and you get to 5075 pages. But for me, since this great thrilling, this great discovery that I love telling stories and I like reading them and telling them. I guess I have to feel the story, the given story, like the story of the actress, and her friends, and her families, and her career coming to America. There are a lot of stories in the story so that *In America* is probably a book about story telling. And everyone's telling stories and changing stories. And people change their names as they often did when they came to America, of course sometimes they came with funny names, you know, they were made into short American sounding names. With this book, which takes place in the past, of course, I really want to talk about the present. But it is, I think you can't talk about the past without talking about the present. This book may take place in the late 19th century, but it's not 19th century novel.

H: But it speaks to what in the present identity, the effort to well partly the mystery approaches the contemporary as well?

S: Well. Partly, sure, the mystery of personality, I would say, trying to understand all the paradoxes about America, all the completed contradictory things that America has meant to people. The attempt, well, an ethical search, I think. Also, this actress, she wants to be good person. She doesn't just want to be a good actress. She wants to do good at the same time. Of course, she is very ambitious, and totally obsessed by her work on the stage so much that in a way she does sacrifice her private life. It's a choice that was much more common for women, I think for women or men. She does sacrifice her private life to her life on the stage.

H: How much of you is in her?

S: I'm in all the main characters.

H: In all of them?

S: Yeah. Sure. What I like this that they're not me. I really want to tell I've never been to attracted to autobiographical fiction, but I love my characters. They are my best friends.

H: So they have your ideas, you opinions, and your ego, fantasy, and your ...

S: But they have contradictory things in me. You see,

that's the great thing about writing fictions or plays as opposed to writing essays. Some kind of not so interested in writing essays any more, because writing essays I have to make up my mind. And then, of course, I can change my mind and I have to write the essay again. But some sort of present opinions of you, and always even in my most self-confident sounding essays, it was always a little voice saying. But, you know, it's also true something else. While as a character, I can put things that I think in the mouth of one character, but I can put completely other things in the mouth of another character.

H: Is any part of you wishes that you had simply earlier focus more on writing novels?

S: All of me wished. Don't drop the book, Charlie. Yes. Isn't that awful? I wish I were just starting now. What can I do? *In America* Too.

H: Yeah, it is.

S: I try. Sure.

H: You do?

S: Oh, absolutely. I think, you know ...

H: Finding the form that's right to use.

S: That's right. I came to an age as an adult writer in 1960s. I was a student in the fifties and I came to New York at the beginning of the 60s. It was a time of enormous public debate that to put it mildly. I mean, I tried to take down the usual way, which the sixties talk about in a very hysterical way. Let's just say it was a time really active debate. I got caught up in that. And I did think that was a great thing to do to be part of public debate, and influence people about things who care about. I never want to attack things, so I want to promote things I love. I think my own way is very evangelically moralistic again, very American. It's kind of got the better of me. I was sort of interested in plugging the good, the true and the beautiful as I understood that to be. A lot of people thought that was a lot of weird, but I thought about it was very mainstream and wholesome. And I got a little stranded. It's almost I didn't understand the ethical power the fiction could have. I understood much better than the ethical efficacy power of an essay could have. I think that was a kind of mistake that I made. I mean I don't renounce that work, but I think I sold fiction short in my own mind. And I was too involved in an ethical way in various struggles when I starting the Vietnam war this matter than the other. It took me a long way to have a better idea.

H: I have to leave this that notion. It is perhaps rather than the fact that you didn't start earlier, or sometimes you have to make the journey to get there.

S: That's true wisdom. That is true wisdom to know that the journey is not set, and you can do it as you can.

H: *In America* Susan Sontag. Thank you.

S: Thank you. My pleasure.

H: Thank you for joining us. See you next time.

致谢

一路走来，需要感谢的人有很多，最要感谢的还是我的导师付景川教授。每当我的研究进度停滞不前的时候，付老师总是及时地为我答疑解惑、指点迷津。正是导师的耳提面命和孜孜教诲才让我在读博的路上毋敢懈怠、蓄力前行。同时，我也要感谢杨冬教授的言传身教，他所教授的“西方文学理论史”和“现代学术与治学方法”两门课程令我受益匪浅。杨老师认真的教学态度和严谨的治学精神让我领略到了师者风范和学者风骨。另外，我还想感谢一位在我读博期间几乎每天都在接触却又素未谋面的一位西方学者——苏珊·桑塔格。长久以来，她仿佛只存在于我阅读过的书籍和观看过的视频影像当中，但她那宽广的学术视野、敏锐的艺术感知力和果敢的政治行动力都让我看到了女性知识分子在社会中扮演重要角色的诸多可能性。她在访谈中提到的许多书籍、在讨论问题时引经据典的文献原著我都会找来阅读，这样一来，桑塔格所著的书籍对我来说更像是一棵大树，她所提及的西方论著则像是树干上长出的枝叶，而我则像栖息在树上玩耍的孩子，经常穿梭于树干和树梢之间探寻隐藏在茂盛枝叶间的智慧宝藏。

我要特别感谢我的家人。是他们一直以来对我的童心的保护让我保持着想要不断探索世界的好奇之心，是他们对我的宽容和鼓励让我在这纷扰的世界中仍然能够选择做自己喜欢做的事情。我还要感谢在吉林大学就读期间结识的一群有共同志趣的同学们，大家来自文学院的各个不同专业，却也能时常聚在一起谈学术、聊生活，现在我想起那一段时光却也别有一番滋味。“道阻且长，行则将至”，这是一次结束，也是一个开始。

图书在版编目(CIP)数据

苏珊·桑塔格的文学观与文学创作/崔玮崧著. —上海:上海三联书店,2021.3
ISBN 978-7-5426-7337-4

Ⅰ.①苏… Ⅱ.①崔… Ⅲ.①苏珊·桑塔格—文学研究 Ⅳ.①I712.065

中国版本图书馆 CIP 数据核字(2021)第 029599 号

苏珊·桑塔格的文学观与文学创作

著　　者 / 崔玮崧

责任编辑 / 杜　鹃
装帧设计 / 一本好书
监　　制 / 姚　军
责任校对 / 张大伟　王凌霄

出版发行 / 上海三联书店
(200030)中国上海市漕溪北路 331 号 A 座 6 楼
邮购电话 / 021-22895540
印　　刷 / 上海惠敦印务科技有限公司

版　　次 / 2021 年 3 月第 1 版
印　　次 / 2021 年 3 月第 1 次印刷
开　　本 / 890×1240　1/32
字　　数 / 155 千字
印　　张 / 6.875
书　　号 / ISBN 978-7-5426-7337-4/I·1688
定　　价 / 59.00 元

敬启读者,如发现本书有印装质量问题,请与印刷厂联系 021-63779028